앨프리드 마셜이
들려주는 이자 이야기

김승태 지음

NEW
수학자가 들려주는
수학 이야기
41

앨프리드 마셜이
들려주는
이자 이야기

㈜자음과모음

수학자라는 거인의 어깨 위에서
보다 멀리, 보다 넓게 바라보는
수학의 세계!

　수학 교과서는 대개 '결과'로서의 수학을 연역적으로 제시하는 경향이 강하기 때문에 학생들은 수학이 끊임없이 진화해 왔다고 생각하기 어렵습니다. 그렇지만 수학의 역사는 하나의 문제가 등장하고 그에 대해 많은 수학자가 고심하고 이를 해결하는 가운데 새로운 아이디어가 출현해 온 역동적인 과정입니다.

　〈NEW 수학자가 들려주는 수학 이야기〉는 수학 주제들의 발생 과정을 수학자들의 목소리를 통해 친근하게 이야기 형식으로 들려주기 때문에 학생들이 수학을 '과거 완료형'이 아닌 '현재 진행형'으로 인식하는 데 도움이 될 것입니다.

　학생들이 수학을 어려워하는 요인 중의 하나는 '추상성'이 강한 수학적 사고의 특성과 '구체성'을 선호하는 학생의 사고 사이에 존재하는 간극이며, 이런 간극을 줄이기 위해서 수학의 추상성을 희석시키고 수학 개념과 원리의 설명에 구체성을 부여하는 것이 필요합니다.

　〈NEW 수학자가 들려주는 수학 이야기〉는 수학 교과서의 내용을 생동감 있게 재구성함으로써 추상적인 수학을 구체성을 갖는 수학으로 변모시키고 있습니다. 또한 중간중간에 곁들여진 수학자들의 에피소드는 자칫 무료해지기 쉬운 수학 공부에 윤활유 역할을 해 줄 것입니다.

〈NEW 수학자가 들려주는 수학 이야기〉의 구성을 보면 우선 수학자의 업적을 개략적으로 소개하고, 6~9개의 강의를 통해 수학 내적 세계와 외적 세계, 교실 안과 밖을 넘나들며 수학 개념과 원리를 소개한 후 마지막으로 강의에서 다룬 내용을 정리합니다.

이런 책의 흐름을 따라 읽다 보면 각각의 도서가 다루고 있는 주제에 대한 전체적이고 통합적인 이해가 가능하도록 구성되어 있습니다. 〈NEW 수학자가 들려주는 수학 이야기〉는 학교 수학 교과 과정과 긴밀하게 맞물려 있으며, 전체 시리즈를 통해 학교 수학의 많은 내용들을 다룹니다. 따라서 〈NEW 수학자가 들려주는 수학 이야기〉를 학교 수학 공부와 병행하면서 읽는다면 교과서 내용의 소화 흡수를 도울 수 있는 효소 역할을 할 것입니다.

뉴턴이 'On the shoulders of giants'라는 표현을 썼던 것처럼, 수학자라는 거인의 어깨 위에서는 보다 멀리, 넓게 바라볼 수 있습니다. 학생들이 〈NEW 수학자가 들려주는 수학 이야기〉를 읽으면서 각 수학자의 어깨 위에서 보다 수월하게 수학의 세계를 내다보는 기회를 갖기를 바랍니다.

홍익대학교 수학교육과 교수 | 《수학 콘서트》 저자 박경미

책머리에

세상의 진리를 수학으로 꿰뚫어 보는 맛 그 맛을 경험시켜 주는 '이자' 이야기

《앨프리드 마셜이 들려주는 이자 이야기》는 돈에 관한 수학 이야기라고 할 수 있습니다. 스크루지라는 구두쇠 영감이 함께 등장하여 돈에 관한 재미난 이야기를 들려줍니다. 그리고 돈을 운용할 때는 반드시 수학의 힘이 들어간다는 것을 학생들은 알고 있어야 합니다.

수학은 사회에 나가면 쓰이지 않는다고 많은 학생이 생각합니다. 하지만 그 말은 모르고 하는 이야기입니다. 단지 수학을 못하고 싫어하는 사람이 지어낸 헛소리에 지나지 않습니다. 공기가 눈에 보이지 않는다고 제 역할을 하지 않는 것이 아닙니다. 만약 공기가 없다면 우리의 생명을 유지하는 것이 가능할까요? 수학은 공기처럼 우리 생활에 스며들어 있어서 못 느낄 뿐입니다.

주위를 둘러보세요. 여러분이 하는 컴퓨터 오락도 이진법이라는 수학의 언어로 작동하는 것입니다. 돈의 얼굴에 적힌 수를 보세요. 수는 시장에서 조그만 노점을 하는 할머니들에게도 필요한 것입니다. 수학은 작은 계산부터 우주를 향해 가는 기계와 대화하기 위한 고급 수학에 이르기까지 다양합니다. 계산만이 수학은 아닙니다. 일부를 가지고 비판하는 것도 위험합니다. 어떤 사람에 대해 말할 때 자칫 잘못하면 어릴 적 모습만 그 사람의 모습이라고 하는 모순을 낳게 됩니다.

수학은 성장하고 있습니다. 단지 수학의 어떤 모습은 드러나지 않고 생활 속에 스며들어 있어 못 느낄 뿐입니다. 우리가 어떤 대상을 못 느낀다고 그것이 없어도 된다는 생각은, 우리가 공기를 느끼지 못하므로 공기는 없어져도 된다는 것과 같은 사고입니다. 공기가 없다면 끔찍한 일이 벌어지겠지요. 수학이 없어도 끔찍한 일이 일어나게 됩니다. 이에 대한 이야기는 친구들과 토론해 보세요. 분명 수학의 필요성을 찾게 될 것입니다.

《앨프리드 마셜이 들려주는 이자 이야기》는 고등학교 2학년 때 배우는 수열의 응용 부분을 다루고 있습니다. 하지만 초등학생들도 읽을 수 있도록 쉽게 꾸며 보았습니다. 학습 방법에 심화냐, 선행이냐 말이 많습니다. 이 책은 심화보다는 선행에 도움이 된다고 말하고 싶습니다. 아무쪼록 여러분의 선행 학습에 도움이 되었으면 합니다.

김승태

차례

추천사	4
책머리에	6
100% 활용하기	10
앨프리드 마셜의 개념 체크	22

1교시
금융과 재테크   31

2교시
이자의 본질   49

3교시
단리법과 복리법   67

4교시
예금   85

5교시
적금   101

6교시
연금   123

7교시
할부   141

8교시
신용 카드   163

1 이 책은 달라요

《앨프리드 마셜이 들려주는 이자 이야기》는 경제학자이면서 수학자인 마셜이 이자에 대하여 설명해 주는 책입니다. 이자라고 하니까 수학과는 좀 동떨어진 느낌을 가질 수도 있습니다. 하지만 초등학교에서 문제 해결력 신장을 위해 꼭 등장하는 것이 바로 원리합계에 관한 문제입니다. 그리고 고등학생이 되면 수열을 배우게 됩니다. '수열' 단원에서는 '등비수열의 합'을 구하는 공식을 배웁니다. 이것은 이자 계산에서 떼려야 뗄 수 없는 공식입니다. 물론 이 책에서도 등비수열의 합에 대하여 다루고 있습니다.

이자 계산은 우리가 경제생활을 하면서 꼭 필요로 하는 부분입니다. 이것을 수학의 등비수열의 힘을 빌려서 해결하도록 하였습니다. 수학의 꽃 중 하나가 바로 수열입니다. 미분만큼이나 중요한 부분이지요. 그 수열의 힘으로 이자를 계산해 냅니다.

이 책은 학생들의 수학에 대한 부담을 최대한 줄이기 위하여 교과서와 철저히 연계하였습니다. 수학과 이자에 초점을 맞춘 것이 아니라 학교 수업에 최대한 도움이 되도록 그 범위를 한정했습니다. 뒤에 나오는 신용 카드나 할부에 대한 부분은 경제 수학이라는 교과 과정과 연관해서 내용을 꾸몄습니다. 아무쪼록 학습에 도움이 되고 수학적 지식이 쌓일 수 있기를 바랍니다.

2 이런 점이 좋아요

① 고등학교에서 어려워하는 수열에 대한 문장제 문제를 잘 분석하여 재미나게 꾸몄습니다. 실전에서 큰 도움이 되도록 잘 나오는 기출문제를 분석하여 수록하였습니다. 재미있는 말투로 학생들이 지루하지 않게 설명하였습니다.

② 마셜이라는 수학자는 수학의 사용을 최대한 줄여서 경제를 표현하고자 하였습니다. 이 책도 어려운 용어를 가급적 사용하지 않고 설명하고자 노력하였습니다.

❸ 고등학생들에게도 물론 도움이 되지만 가까운 미래에 고등학교로 진학하는 학생들에게 쉬운 선행 학습이 되도록 꾸몄습니다. 쉬운 문장과 재미난 캐릭터로 구성하였습니다.

3 교과 연계표

학년	단원(영역)	관련된 수업 주제 (관련된 교과 내용 또는 소단원명)
초 6	변화와 관계	비와 비율, 비례식과 비례배분
고 2(대수)	수열	등차수열과 등비수열
고 2~3(경제수학)	수와 경제	수와 생활경제, 수열과 금융

4 수업 소개

1교시 금융과 재테크

금융과 재테크에 대해 알아보고 분산 투자는 왜 하는지 알아봅니다.

- 선행 학습
- 바빌로니아 : 메소포타미아의 남동부 유프라테스강과 티그리스강의 하류 지방으로 메소포타미아 문명의 발상지입니다.
- 대출 : 돈이나 물건 따위를 빌려줌.
- 학습 방법
- 주식이란 주식회사의 자본을 구성하는 단위입니다. 주식을 사서 소

유한 사람을 '주주'라 하고, 주주가 가지는 권리를 '주권'이라고 합니다. 주권은 발행된 증서를 의미하기도 합니다.
- 예금 이자와 대출 이자의 차이가 발생하는데 이를 '예대마진'이라고 합니다.
- 투자할 때 최고의 수익률을 올리는 것보다 위험을 줄이도록 노력하는 것이 중요합니다.
- 분산 투자란 각 투자 대상이 지니고 있는 위험을 서로서로 분산함으로써 위험을 줄이려는 투자 전략입니다.

2교시 이자의 본질

이자의 본질에 대하여 알아봅니다. 원금과 이자의 관계를 따져 보고, 원리합계에 대해 알아봅니다.

- **선행 학습**
- 경제학 : 경제 현상을 분석하고 연구하는 학문으로 사회 과학의 한 분야입니다. 국민 경제학, 경영학, 재정학, 가정학을 통틀어 이르는 말인데 일반적으로는 국민 경제학을 이릅니다.
- 원리합계 : 원금과 이자를 합한 금액을 말합니다.
- **학습 방법**
- 이자는 경제학 및 법률 용어로, 원본인 유동 자본화폐의 대부빌려줌로부터 발생하는 수익으로서 원본액과 사용 기간에 비례하여 일정

한 이율에 따라 지급되는 금전 기타의 대체물을 의미합니다.

- 이율＝$\dfrac{\text{단위 기간의 이자}}{\text{원금}}$
- 이자＝원금×이율×기간
- 원리합계＝원금＋이자

　　　　＝원금＋(원금×이율×기간)

3교시 단리법과 복리법

단리법과 복리법에 대해 알아봅니다.

• 선행 학습

- 연금술사 : 연금술은 근대 과학 이전 단계의 과학과 철학적인 시도로 화학, 금속학, 물리학, 약학, 점성술, 기호학, 신비주의 등을 거대한 힘의 일부로 이해하려는 운동이었습니다. 흔히 금속에서 금 같은 귀금속을 정련하려는 시도로 알려져 있습니다. 연금술은 메소포타미아, 고대 이집트, 페르시아, 인도, 중국 등에서 이루어졌으며, 고대 그리스와 로마 그리고 이슬람 문명권과 유럽에서 19세기까지 여러 단체와 철학적 시스템으로 2500여 년 동안 상호 작용해 왔습니다.

- 인수분해 : 한 다항식을 두 개 이상의 인수로 분해하는 것을 말합니다. $x^2+7x+12$의 경우 $(x+3)(x+4)$로 만드는 것을 말합니다. 반대로 $(x+3)(x+4)$를 $x^2+7x+12$로 만드는 것은 전개라고 합니다. 인수분해에는 조립제법을 이용한 방법과 공통 인수로 묶는 방법,

곱셈 공식을 이용하여 분해하는 방법이 있습니다.

- 지수 : 어떤 수의 거듭제곱을 나타내기 위해 그 수의 오른쪽 위에 작게 쓴 수. 예를 들어, 3^4에서 4는 지수이고 3은 밑입니다.

• 학습 방법

- 이자＝원금×이율×기간

  원리합계＝원금＋이자＝원금＋(원금×이율×기간)

- 원금을 P, 이율을 I라고 할 때, 복리에 의한 n기 말의 원리합계 S_n은 다음과 같습니다.

  제1기 말의 원리합계 : $S_1 = P(1+I)$

  제2기 말의 원리합계 : $S_2 = S_1(1+I) = P(1+I)(1+I)$
  $$= P(1+I)^2$$

  제3기 말의 원리합계 : $S_3 = S_2(1+I) = P(1+I)^3$

  $$\vdots$$

  제n기 말의 원리합계 : $S_n = P(1+I)^n$

4교시 예금

예금에 대하여 알아보고, 예금과 등비수열의 연관성을 찾아봅니다.

• 선행 학습

- 채무 : 재산권의 하나로 특정인이 다른 특정인에게 어떤 행위를 하여야 할 의무를 말합니다.

- 별단 예금 : 금융 기관이 장부 처리상 설치한 잡종 예금의 하나.
- 공차 : 등차수열은 연속하는 두 수의 차이가 일정한 수열을 뜻합니다. 예를 들어 1, 3, 5, 7, 9, ……은 등차수열입니다. 이때 연속하는 두 수의 차이를 공차라고 합니다.

• 학습 방법
- 원금 a원을 이율 r로 예금할 때, 단리법의 경우 원리합계는 공차가 ar인 등차수열을 이루고, 복리법의 경우 원리합계는 공비가 $1+r$인 등비수열을 이룹니다.
- 공비란 등비수열에서 각 항과 바로 그 앞항 사이의 비나누기를 말합니다. 여기서 등비수열이란 초항부터 차례로 일정한 수를 곱하여 이루어진 수열입니다.
- 단리법의 원리합계는 등차수열을 이용합니다.

$$a(1+r), a(1+2r), a(1+3r), ……, a(1+nr)$$

- 복리법의 원리합계는 등비수열을 이용합니다.

$$a(1+r), a(1+r)^2, a(1+r)^3, ……, a(1+r)^n$$

5교시 적금

적금, 기수불, 기말불에 대하여 알아보고 등비수열의 합 공식을 공부합니다.

• 선행 학습

- 연부 : 물건값이나 빚 따위의 일정한 금액을 해마다 나누어 내는 일. 또는 그런 돈.

- 월부 : 물건값이나 빚 따위의 일정한 금액을 다달이 나누어 내는 일. 또는 그런 돈.

- 일부 : 물건값이나 빚 따위의 일정한 금액을 며칠에 나누어 날마다 내는 일. 또는 그런 돈.

• 학습 방법

- 적금이란 일정한 기간마다 은행에 일정한 금액을 적립하는 저금의 형태입니다.

- 적립금은 매기 초 또는 매기 말에 불입하는 것이 보통입니다. 각 기간의 초에 적립하는 것을 기수불이라고 하고, 각 기간의 말에 적립하는 것을 기말불이라고 합니다.

- 일정한 금액을 매 기간 적립하고, 이에 대한 이자를 복리로 계산하여 일정한 기간이 끝난 후에는 약정된 금액이 되도록 적립하는 예금 형태를 정기 적금이라고 합니다.

- 등비수열의 합 공식

첫째 항이 a, 공비가 r인 등비수열에서 첫째 항부터 제n항까지의 합을 S_n이라 하면

$r \neq 1$일 때, $S_n = \dfrac{a(1-r^n)}{1-r}$ 또는 $S_n = \dfrac{a(r^n-1)}{r-1}$

- 기말불 $S=\dfrac{a\{(1+r)^n-1\}}{r}$,

기수불 $S=\dfrac{a(1+r)\{(1+r)^n-1\}}{r}$

6교시 연금

연금에 대하여 알아보고, 퇴직금 제도에 대한 이야기를 들어봅니다. 또한, 연금의 현가현재의 값에 대해 알아봅니다.

- 선행 학습
- 퇴직금 : 퇴직하는 사람에게 근무처에서 지급하는 돈.
- 국민연금 : 늙거나 질병, 사망 따위를 당했을 경우에 본인이나 가족들의 생활 보장을 위하여 지급되는 연금.

- 학습 방법
- 기수불에 대한 연금의 현가 공식

$$M=\dfrac{a(1+r)}{r}\{1-(1+r)^{-n}\}$$

단, M : 연금의 현가, a : 매년 초 받는 금액, r : 연이율

- 기말불에 대한 연금의 현가 공식

$$M=\dfrac{a}{r}\{1-(1+r)^{-n}\}$$

단, M : 연금의 현가, a : 매년 초 받는 금액, r : 연이율

7교시 할부

할부 판매와 월부 상환에 대해 공부하고, 할부와 등비수열의 합 공식과

의 관계를 알아봅니다.

- **선행 학습**
  - 소비 금융 활동 : 각종 금융 기관이 개인의 소비 생활을 대상으로 하여 행하는 자금의 대부와 할부에 의한 각종 물품의 판매 제도 따위를 통틀어 이르는 말.
  - 번분수 : 분수의 분모나 분자가 분수로 되어 있는 분수.
  - 비례식 : 두 개의 비가 같음을 나타내는 식. $a:b=c:d$ 따위가 있습니다.

- **학습 방법**
  - 할부금 : 물품을 구입하고 그 대금을 상환하는 경우나 부채를 상환하는 경우에는 이자와 원금의 일부를 포함한 일정 금액을 일정 기간마다 상환합니다. 이를 할부 상환이라 하고 매기의 상환액을 할부금이라고 합니다.
  - M원을 빌려 쓰고 그달 말부터 매달 말에 a원씩 월이율 r, 1개월마다 복리로 갚아 n개월 동안에 모두 갚으려고 할 때 월부금 a는 다음 원리에 의하여 구할 수 있습니다.

    $$a+a(1+r)+a(1+r)^2+\cdots\cdots+a(1+r)^{n-1}=M(1+r)^n$$

    이때, 공식은 $a=\dfrac{Mr(1+r)^n}{(r+1)^n-1}$ 입니다.

8교시 신용 카드

신용 카드에 대해 알아보고, 바른 사용법을 배워 봅니다.

- 선행 학습
- 연체료 : 기한 안에 이행하여야 할 채무나 납세 따위를 지체하였을 때 밀린 날짜에 따라 더 내는 돈.
- 공제 : 받을 몫에서 일정한 금액이나 수량을 뺌.

- 학습 방법
- 신용 카드란 상품이나 서비스의 대금 지급을 은행이 보증하여 일정 기간 뒤에 지급할 수 있도록 하는, 신용 판매 제도에 이용되는 카드입니다.
- 할부 신용 구매 대금은 월별로 청구됩니다.

  월 청구액＝(월 납입액)＋(할부 수수료)

  월 납입액＝(할부 신용 구매 대금)÷(할부 기간)

  할부 수수료＝(대금 잔액)×(할부 수수료율)×$\frac{1}{12}$

- 연체율은 각 카드 회사의 약관에 따르며 기산일은 결제하기로 한 날 다음 날부터 실제로 결제한 날까지의 일수입니다.
- 신용 카드를 살펴보면 앞면에는 카드 이름, 개인 카드 번호, 이름과 유효 기간 등이 적혀 있습니다. 뒷면에는 개인의 서명란과 카드 사용 시 유의해야 할 사항, 카드를 발급한 회사명이 적혀 있습니다.

앨프리드 마셜을 소개합니다

Alfred Marshall(1842~1924)

나는 수학을 공부한다는 것이 너무나 행복했습니다. 단지 즐거워서 수학을 공부한 것입니다.

수학에 남다른 재능을 가졌지만 경제학책을 쓸 때는 수학의 사용을 극도로 제한하였습니다.

경제학에서 수학이 갖는 의미는 단지 수학이 주는 편리함이라고 생각했을 뿐입니다.

나는 영국 사회에 남아 있는 빈곤을 보며 마음 아팠습니다.

그래서 사회에 도움을 주는 경제학자가 되기 위해 평생 노력하였습니다.

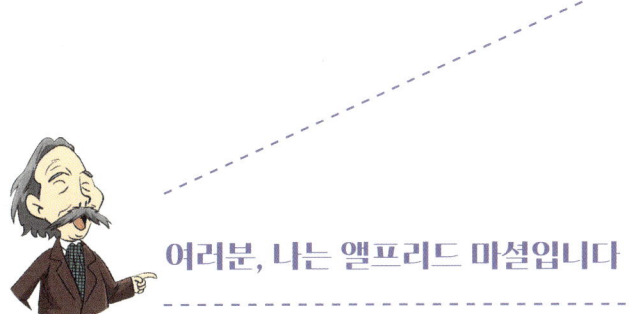

여러분, 나는 앨프리드 마셜입니다

우리는 냉철한 머리와 따뜻한 가슴을 지닌 사람이 되어야 합니다. 이 시기 역시 이런 사람이 필요한 것입니다. 내 이름은 앨프리드 마셜입니다.

나에게도 강적은 있었습니다. 다름 아닌 나의 아버지입니다. 맹자를 가르치기 위한 맹모의 노력만큼이나 아버지 역시 가르침에 엄청난 열의를 지닌 분이었습니다. 나도 한국의 고등학생들이 밤늦게 남아서 야간 자율 학습을 하는 것만큼 많은 시간 동안 공부하였습니다. 아버지가 자습 감독관이었지요. 아버지가 얼마나 많이 공부를 시켰던지 친구들은 그 당시 언제나 지치고 피곤한 내 모습을 보고 양초라는 별명을 지을 정도였습니다다. 촛농이 떨어지며 축 처져 있는 양초 말입니다. 어른이 된 지금도 나는 내 생일 케이크에 양초를 꽂지 말라고 할 정도라니까요.

은행원인 아버지는 내가 옥스퍼드 대학에 진학해 목사가 되기를 원했지만 나는 장학금마저 뿌리치고 케임브리지 대학에 진학했습니다. 신학보다 수학을 좋아했기 때문입니다. 나는 대학 시절 수학을 공부하는 것이 너무나 행복했습니다. 여러분은 나를 이상하게 볼지 몰라도 지금 여러분이 오락을 즐기듯 나도 수학을 즐겼습니다. 단지 즐거워서 수학을 공부한 것입니다.

사실 여러분에게만 말해 주는 비밀이 있습니다. 수학에 대한 비밀이고 나에 대한 비밀입니다.

내가 대학에 다니며 수학을 공부한 이유 중 하나는 수학 공부를 말린 아버지에 대한 철없는 반항심이었습니다. 또 하나는 다른 학생들에게 수학 과외를 해 주고 받는 용돈에 있었지요. 나는 아버지의 반대를 무릅쓰고 케임브리지 대학에 왔기에 항상 돈이 필요했습니다. 그렇다고 내가 고액 과외를 한 것은 아닙니다.

참, 여기서 내 신분을 밝히겠습니다. 유감스럽게도 나는 수학자가 아닙니다. 나는 경제학자입니다.

수학에 남다른 재능을 가진 나였지만 경제학책을 쓸 때는 수학의 사용을 극도로 제한하였습니다. 나는 모든 수학적 표현을 부록으로 몰아넣었습니다. 본문에서는 말과 그림으로만 나타내려는 원칙을 지켜 나갔습니다. 경제학에서 수학이 갖는 의미는 단지 수학이 가져다주는 편리함이라고 생각했을 뿐입니다. 경제학에서 중요한 것은 경제학적 직관이지 수학이 아니거든요.

나는 시장에서 수요와 공급이 균형을 이루는 현상에 늘 지대한 관심을 가졌습니다. 그 곡선이 이루는 모양이 신기하지 않나요? 그곳에는 시장의 원리가 숨어 있거든요. 지금 경제학을 배우는 학생들은 이것이 나타내는 의미를 별로 어렵지 않게 받아들이지만 내가 살던 시절에는 균형의 개념을 체계적으로 이해하는 것이 무척 어려웠습니다.

내가 쓴 책 중 베스트셀러는 《경제학 원리》입니다. 책도 책이지만 사람들은 나를 후학 양성에 힘쓴 경제학자라고 말합니다. 케인스, 피구, 로빈슨, 로버트슨 등 내 빛나는 별 같은 제자들이 영국의 경제학 인명사전을 거의 독점하고 있을 정도입니다. 나와 제자들에 의해 형성된 케임브리지학파는 상당히 오랜 기간 동안 세계 경제학계의 흐름을 주도하였지요.

사람들은 나의 부드러운 외모를 보고 전형적인 영국 신사라고 하였습니다. 하지만 나는 사회를 개혁하는 문제에 늘 앞장섰습니다. 더불어 사는 세상 아니겠습니까?

나는 경제학이 사람들의 삶을 향상시키는 데 도움을 준다고 생각했습니다. 나는 영국 사회에 남아 있는 빈곤을 보며 마음이 많이 아팠습니다. 하지만 곧 아픈 마음만으로는 해결되지 않는다는 것을 느꼈습니다. 그래서 사회에 도움을 주는 경제학자가 되기로 마음먹고 평생 노력하였습니다. 나는 약자를 외면하지 않는 따뜻한 마음과 문제의 본질을 꿰뚫어 보려는 날카로운 지성을 갖춘 경제학자이길 원했습니다.

자, 이제 나는 청소년 여러분의 요구에 호응하는 자리를 갖기로 했습니다. 다름이 아니라 고등학교 2학년 과정의 수학에 나오는 이자 계산 부분을 여러분에게 가르쳐 주겠어요. 나를 도와서 같이 진행할 사람은 약자를 대하는 냉철한 가슴과 돈에 날카로운 이성을 지닌(?) 스크루지 영감입니다. 나와 완전히 반대의 생각을 가진 사람입니다. 이 수업은 상당히 힘들 것 같습니다. 내 앞에 나타난 스크루지 영감의 구두는 쇠로 만들어져 있습니다. 정말 구두쇠입니다. 신발이 닳지 않게 구두를 쇠로 만든 것을 보면…… 아찔합니다. 그럼 1교시 수업 시간에 만나요.

1교시

금융과 재테크

금융과 재테크란 무엇일까요?
대표적 금융 기관인 은행이 하는 일을 알아보고,
스크루지 영감의 재테크 기술에 대한 노하우를 들어 봅니다.

수업 목표

1. 금융과 재테크에 대해 알아봅니다.
2. 분산 투자는 왜 해야 하는지 알아봅니다.

미리 알면 좋아요

1. **바빌로니아** 메소포타미아의 남동부 유프라테스강과 티그리스강의 하류 지방으로 메소포타미아 문명의 발상지입니다.

2. **대출** 돈이나 물건 따위를 빌려줌.

앨프리드 마셜의 첫 번째 수업

 이번 시간에는 금융과 재테크에 대해 알아보도록 하겠습니다. 스크루지 영감은 '뭐니 뭐니 해도 돈이 제일'이라고 합니다. 우선, 그 돈에 관계되는 금융에 대해 알아보겠습니다.

 금융이라고 하면 그 대표 격인 은행이 있습니다. '은행 문턱을 자주 들락거려야 부자가 된다.'고 스크루지 영감이 입에 침이 마르도록 이야기합니다.

 최초로 은행 업무를 시작한 시기는 고대 바빌로니아 시대로 거슬러 올라갈 수 있습니다. 우아! 은행은 정말 옛날부터 있었나 봅니다. 하지만 오늘날 은행의 역할은 13세기 영국의 금(金)세공인들에 의해 생겨나기 시작했다고 합니다. 전쟁으로 인해 금을 금세공인에게 맡기게 된 것에서 유래되었다고 하지요. 금세공인들은 금을 안전하게 보관해 주었습니다. 그로 인해 신용을 얻은 이들은 물건을 사고파는 데 현금이나 수표와 같은 증서를 사용하게 되었습니다. 대출 업무도 담당하고 예금도 받게 되면서 금세공인들은 개인 은행으로 발전하게 됩니다.

한국에서도 계 모임을 하는데 이것은 하나의 금융 형태를 띤다고 볼 수 있지요. 아주 원시적이지만요.

우리 생활과 은행은 떼려야 뗄 수 없는 관계입니다. 은행은 우리가 쓰고 남은 돈을 저축하고 큰돈이 필요한 경우 빌려주는 대출 업무도 담당합니다. 그리고 각종 세금, 전기 요금, 수도 요금, 관리비 등을 은행에 내기도 합니다. 멀리 떨어져 있는 친척에게 돈을 보내는 역할도 은행에서 하지요. 하지만 은행의 주요 업무는 예금 등을 모아 자금이 필요한 곳에 대출을 해 주는 것입니다.

스크루지 영감은 자신도 종종 그런 일을 한다고 합니다. 하지만 스크루지 영감은 그런 일을 해 주면서 은행에 비해 아주 비싼 수수료를 받아 챙깁니다. 고약할 정도로 많은 수수료를 챙기지요. 그런 일을 우리는 자금의 중개라고 말합니다.

은행이 자금을 중개해 주면 편리한 점이 있습니다. 첫째, 자금의 여유가 있는 사람과 없는 사람의 거래를 성사시켜 주어 상대를 찾는 데 드는 시간과 비용을 줄여 줍니다. 돈에 여유가 있는 사람이 돈을 맡기면 은행에서 그 돈을 필요한 사람에게 대출 형식으로 빌려준다는 뜻입니다.

둘째, 거래 조건을 맞추기가 쉽습니다. 서로서로 정해진 조건에 의해 예금을 하고 대출을 한다는 뜻입니다.

 셋째, 은행을 이용하면 위험을 줄일 수 있습니다. 은행에는 전문가가 많이 있습니다. 이러한 금융 기관으로는 은행 말고도 증권 회사, 보험 회사, 종합 금융 회사, 상호 신용 금고, 신용 협동조합 등이 있습니다.

이러한 은행은 도대체 뭘 먹고살까 하고 생각하는 친구들이 있을 것입니다. 은행은 예금하는 사람들에게 이자를 주고, 대출하는 사람들에게는 빌려주는 대가로 이자를 받습니다.

눈치 빠른 친구들은 감을 잡았지요. 그들은 뺄셈을 통해서 수익을 만들어 냅니다. 뺄셈이라니? 아, 그것은 이자로 돈을 번다는 말입니다. 좀 더 자세히 이야기하면 예금할 때 주는 이자보다 대출할 때 받는 이자를 높여서 그 이자의 차이를 통해 수익을 발생시킨다는 것입니다. 한마디로 적게 주고 많이 받는 것입니다. 스크루지 영감은 자기나 은행이나 별로 다를 게 없다고 합니다. 사실 우리가 생각해 봐도 그런 것 같습니다. 하지만 예금 이자와 대출 이자가 같다면 은행에서 일하는 직원들의 봉급은 줄 수 없습니다. 이처럼 예금 이자와 대출 이자의 차이가 발생하는데 이를 예대마진이라고 합니다.

은행이 대출 이자를 인상할 때는 토끼처럼 빨리하고, 예금 이자를 인상할 때는 거북이처럼 천천히 하는 이유가 여기에 있습니다. 그렇지만 은행별로 경쟁이 치열하기 때문에 특정한 은행만 예금 이자를 낮추거나 대출 이자를 높이는 일은 쉽지 않을 것입니다.

예대마진을 수학식으로 나타내면 다음과 같습니다.

예대마진 = 대출 이자 — 예금 이자

은행은 이 예대마진 말고도 각종 수수료 수입이 있습니다. 돈을 보내거나 찾을 때 몇백 원에서 몇천 원 정도의 수수료를 받습니다. 한 건 한 건을 따져 보면 얼마 안 되는 돈인 것 같지만 '티끌 모아 태산'이라고 전국에 있는 은행의 하루 수수료 수입은 어마어마할 것입니다. 스크루지 영감은 이 말에 군침을 흘립니다.

자, 이제 은행 말고 다른 곳에 대한 금융 이야기를 해 보도록 합니다.

주식에 대해 알아보지요. 그러자 스크루지 영감은 우리의 주식은 빵이고 한국인의 주식은 밥이라고 말합니다. 스크루지 영감이 말하는 주식은 우리가 앞으로 배울 주식이 아닙니다. 우리가 배울 주식이란 주식회사의 자본을 구성하는 단위입니다. 주식을 사서 소유한 사람을 '주주', 주주가 가지는 권리를 '주권'이라고 합니다. 주권은 발행된 증서를 의미하기도 합니다. 투자자는 회사에 투자할 때 투자한 금액만큼 주권을 갖게 되는 것입니다.

이렇게 주식을 구입한 투자자는 주주가 되며, 회사에 대한 권리와 의무의 주체가 됩니다. 개인이나 기업 누구나 주식을 소유함으로써 주주가 될 수 있습니다. 주주는 그 회사로부터 받을 경제적 이익에 대한 권리와 회사 경영 참여와 경영 활동 감시에 관한 권리를 나누어 가질 수 있습니다.

우리는 개략적으로 금융에 대한 이야기를 했습니다. 지금부터는 돈 벌기의 달인 스크루지 영감에게서 재테크에 대한 이야기를 들어 보도록 하겠습니다.

스크루지 영감은 흐뭇한 표정으로 말합니다.

"재테크란 한마디로 돈을 늘리는 기술이죠. 돈을 투자할 때는 재테크에 대한 큰 그림부터 그려 보아야 합니다."
내가 "무슨 그림이냐."고 하니까 스크루지 영감이 말합니다.
"전체 자산의 구성, 즉 포트폴리오를 어떻게 그리느냐가 중요하지요."
스크루지 영감이 여러 개의 달걀을 한 바구니에 담아 나에게 전해 줍니다. 내가 달걀찜을 얼마나 좋아하는데……. 갑자기 스크루지 영감이 좋아졌습니다. 앗! 그때 스크루지 영감이 나를 밀었습니다. 나는 그만 바구니를 놓쳐 바구니에 담긴 달걀을 몽땅 깨뜨렸습니다. 스크루지 영감이 나에게 말합니다.
"달걀을 한 바구니에 담지 마라."
이 말은 투자자들에게는 엄청나게 중요한 이야기입니다. 무슨 소린가 하면 재테크를 할 때 자신의 모든 돈을 한 곳에만 투자하지 말라는 것입니다. 한 바구니에 담긴 달걀은 한 방에 다 깨질 수 있는 것과 마찬가지입니다.

재테크를 할 때는 분산 투자의 원칙을 지켜야 합니다. 분산 투자란 각 투자 대상이 지니고 있는 위험을 서로서로 분산함으로써 위험을 줄이려는 투자 전략입니다. 그래서 그런지 스크루지 영감은 한 사람이 이자를 많이 준다고 해도 절대 한 사람에게만 돈을 빌려주지 않습니다. 한 사람에게만 빌려주었다가 떼이면 돈을 몽땅 날릴 수 있으므로 위험이 한 곳에 모이는 것을 막기 위해 분산 투자를 하는 것입니다.

그렇습니다. 최고의 수익률을 올리는 것보다 위험을 줄이도록 노력하는 것이 중요하다는 스크루지 영감의 말입니다. 여러분도 커서 이 재테크 기술은 꼭 기억해 두세요.

그리고 돈을 모으는 목표를 확실히 해야 합니다. 투자란, 인생이라는 넓은 바다를 항해하는 것과 같습니다. 목표가 없이는 좌초하게 됩니다. 그냥 돈을 모으는 것은 아무 의미가 없습니다. 스크루지 영감도 이것을 깨닫기 전까지는 그렇게 돈을 모으다가 인생의 참된 의미를 몰랐습니다.

여러분도 어른이 되면 은행과 거래를 하게 될 것입니다. 스크루지 영감은 주로 한 은행과 거래하여 주거래 은행의 혜택을 많이 받습니다. 각종 수수료를 면제해 주고 대출 이자도 조금씩 깎아줍니다. 은행도 단골 거래를 하는 셈입니다.

스크루지 영감의 재테크 기술에 따르면 이자를 많이 줘도 먼 곳엔 가지 말라고 합니다. 왜일까요?

좋은 금융 기관이란 자신의 집에서 가까워 수시로 방문이 가능하고 편하게 상담할 수 있는 곳을 말합니다. 재테크를 위한 정보와 상품이 거기에 다 있습니다. 아무리 크고 유명한 금융 기관이라고 해도 거리가 멀거나 기다리는 시간이 많으면 원하는 정보도 얻지 못하고 원하는 때에 투자를 실행하기 힘듭니다. 따라서 재투자 기회도 잃기 쉽습니다. 가까운 은행을 주거래 은행으로 해야 대출을 받을 때에도 각종 혜택이 있음을 명심하라고 스크루지 영감은 힘을 주어 말합니다.

스크루지 영감이 말합니다.

"부자들은 아는 길도 물어 간다."

　부자의 행동 양식 가운데 공통된 한 가지는 절대로 성급하지 않다는 것입니다. 습관화된 신중함은 부자들의 가장 중요한 특성 중 하나입니다. 재테크 역시 꼼꼼히 따져 보고 신중히 결정해야 합니다. 여러분도 용돈을 받으면 돈이 나가는 것에 순서를 정해 보는 습관을 갖기 바랍니다. 가장 중요한 것에 돈을 먼저 쓰는 요령을 익히도록 하세요.

재테크는 근본적으로 인생을 더욱 윤기 있게 하기 위해 필요합니다. 맞습니다. 돈이 나쁘다는 것은 돈을 잘 사용하지 못하는 사람들이 하는 말입니다. 대부분 거의 모든 사람이 재테크를 통해 부자가 되는 꿈을 이루려고 합니다. 구체적인 계획과 실행만이 부자가 되는 꿈을 이뤄 줄 수 있습니다.

어릴 때부터 돈에 대한 가르침은 꼭 필요한 것 같습니다. 최근에 한국에서도 어릴 때부터 금융 지식을 가르치려는 경향이 늘어나고 있습니다.

스크루지 영감은 목에 힘을 주어 말합니다.

"재테크는 생활 습관이다!"

재테크는 한마디로 '습관'이라고 말할 수 있습니다. 재테크는 전문가들이나 돈이 많은 사람들만 하는 것이 아닙니다. 나이가 많건 적건 간에 우리의 일상생활 가까이서 매일매일 이루어지고 있습니다.

스크루지 영감은 어릴 적부터 재테크를 하였습니다. 어머니가 주시는 용돈을 차곡차곡 모아 어머니가 급하게 돈을 쓰실 일이 있을 때 이자를 받고 빌려주기도 했습니다. 이를테면 우윳값을 받으러 왔을 때 마침 어머니가 돈이 없어서 스크루지 영감그때는 어린이 스크루지이지요에게 돈을 빌려 썼습니다. 그러면서 이자를 물었습니다. 그때부터 그는 쇠로 만든 신구두쇠을 신었습니다. 구두쇠가 된 것입니다.

생활 자체가 바로 재테크가 되어야 합니다. 종이 한 장을 아끼는 것도 일종의 재테크라고 볼 수 있습니다. 이러한 작은 절약 하나하나가 반복적으로 쌓이면 나도 모르게 재테크를 습관처럼 할 수 있게 됩니다.

나는 경제학자입니다. 그래서 돈과 경제는 뗄 수 없는 관계임을 잘 압니다. 우리는 돈에 대한 가식을 버려야 합니다. '돈 그까짓 것 있어도 그만, 없어도 그만.'이라고 말하는 사람들은 거의 다 돈의 노예가 되어 있습니다. 우리가 할 수 있는 가장 기본이 되는 재테크는 바로 근검절약입니다. 근검절약을 명심하길 바라며 1교시를 마치겠습니다.

참, 나는 경제학자인 동시에 수학의 대가입니다. 앞으로 나오는 이자에 대한 이야기를 수학으로 풀어 주겠습니다. 2교시부터는 본격적인 수학 이야기입니다.

수업 정리

❶ 주식이란 주식회사의 자본을 구성하는 단위입니다. 주식을 사서 소유한 사람을 '주주'라 하고, 주주가 가지는 권리를 '주권'이라고 합니다. 주권은 발행된 증서를 의미하기도 합니다.

❷ 예금 이자와 대출 이자의 차이가 발생하는데 이를 '예대마진'이라고 합니다.

❸ 투자를 할 때 최고의 수익률을 올리는 것보다 위험을 줄이도록 노력하는 것이 중요합니다.

❹ 분산 투자란 각 투자 대상이 지니고 있는 위험을 서로서로 분산함으로써 위험을 줄이려는 투자 전략입니다.

2교시

이자의 본질

이자의 의미에 대해 알아보고,
이자와 원리합계를 계산해 봅니다.

수업 목표

1. 이자의 본질에 대하여 알아봅니다.
2. 원금과 이자의 관계를 따져 봅니다.
3. 원리합계에 대해 알아봅니다.

미리 알면 좋아요

1. **경제학** 경제 현상을 분석하고 연구하는 학문으로 사회 과학의 한 분야입니다. 국민 경제학, 경영학, 재정학, 가정학을 통틀어 이르는 말인데 일반적으로는 국민 경제학을 이릅니다.

2. **원리합계** 원금과 이자를 합한 금액을 말합니다.

앨프리드 마셜의
두 번째 수업

인터넷에서 '이자'라는 용어를 검색하면 다음과 같은 사전적 의미를 찾을 수 있습니다.

이자

경제학 및 법률 용어로 원본인 유동 자본화폐의 대부빌려줌로부터 발생하는 수익으로서 원본액과 사용 기간에 비례하여 일정한 이율에 따라 지급되는 금전 기타의 대체물을 의미한다.

나와 스크루지 영감은 요리사 복장을 하고 있습니다. 우리가 오늘 요리할 것은 원리합계라는 것입니다. 아주 맛있는 요리입니다. 이것은 부자들이 즐겨 먹는 돈을 이용한 요리입니다. 부자라는 말을 들으면 왠지 부럽고 샘이 나기도 합니다. 사람에 따라 느끼는 바가 다 다르지요. 요리라고 해서 진짜 먹는 요리로 생각하지는 마세요. 원리합계라는 것을 마치 요리하듯이 쉽게 다루기 위해 스크루지 영감과 내가 요리사 복장을 하고 나왔으니까요. 일단 원리합계를 요리하는 데 필요한 신선한 재료들을 알아보겠습니다.

> **Tip** 원리합계에 들어가는 신선한 재료들
>
> - 원금 : 가장 중요한 재료 중 하나이며, 이것이 없이는 요리가 되지 않습니다. 좋은 원금을 선택하는 것은 이 요리의 관건이라고 해도 과언이 아닙니다. 원금은 예금한 돈으로 보면 됩니다.
> - 이자 : 원금이라는 요리에 맛을 더하는 양념 같은 존재이지요. 아무리 좋은 재료라도 양념에 따라 그 맛의 차이가 다르니까요. 이자는 원금에서 일정한 기간이 지나면 붙게 됩니다.
> - 이율 : 1년, 1개월 등의 단위 기간에 붙는 이자의 원금에 대한 비율을 말합니다. 맛소금 같은 역할을 하지요. 단위 기간이 1년일 때의 이율을 연이율이라 하고, 1개월일 때의 이율을 월이율이라고 합니다.
> - 기간 : 김치도 묵은 김치가 맛을 내듯이 돈이란 어느 정도의 숙성 기간이 필요합니다.

원리합계의 맛은 손맛이 좌우합니다. 요즘은 계산기나 컴퓨터로 원리합계를 계산하기도 하지만 수학에서 빠트릴 수 없는 계산의 맛은 바로 손으로 종이에 써서 계산하는 것입니다. 오늘은 계산기를 멀리하고 손맛을 느껴 보도록 합니다.

원리합계의 맛을 살리기 위한 특제 소스를 보여 주겠습니다.

스크루지 영감, 준비한 특제 소스를 가져오세요.

스크루지 영감이 내놓은 특제 소스를 보시라.

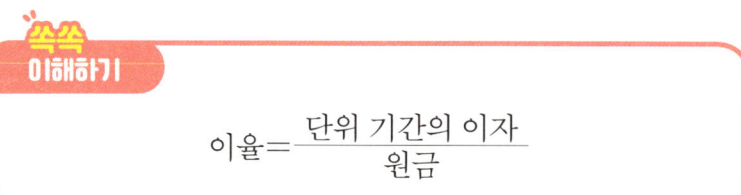

$$이율 = \frac{단위\ 기간의\ 이자}{원금}$$

이율은 단위 기간의 이자를 원금으로 나눈 값입니다. 이 특제 소스를 한 번도 사용하지 않으면 요리사로서 호기심이 없다고 볼 수 있겠지요. 스크루지 영감, 재료 준비해 주세요. 재료는 이자 1,200원, 원금 10,000원, 기간은 1년으로요.

예전 텔레비전 프로 중에 〈만 원의 행복〉이라는 것이 있습니다. 나는 만 원에서 행복을 느끼기보다는 서울의 만원 버스에서 불쾌감을 느꼈습니다.

스크루지 영감이 말합니다.

"이런, 경제학자라는 사람이 돈 '만 원'과 가득하다는 '만원'을 구별할 줄도 몰라? 정말 실망이야."

한번 웃겨 보려고 한 이야기인데 스크루지 영감이 왜 저러는지 모르겠습니다. 아침에 여기에 오다가 50원을 잃어버리고 나에게 화풀이하려는 속셈 같습니다. 정말 50원 같은 스크루지 영감입니다.

쏙쏙 문제 풀기

10,000원을 1년 동안 예금하였더니 1,200원의 이자가 붙었다면 연이율은 얼마일까요?

스크루지 영감과 나는 연이율의 참맛을 내기 위해 요리에 들어갑니다. 우선 프라이팬을 준비하여 식을 세워 봅니다.

$$연이율 = \frac{1년\ 기간의\ 이자}{원금} = \frac{1200}{10000}$$

분수식에서 아래위에 붙어 있는 달걀 같은 0을 두 개씩 뗍니다. 분수는 약분이 약입니다.

$$\frac{12}{100}$$

이 상태에서 잠깐! 스크루지 영감, 손대지 마세요. 무조건 약분만 하면 안 돼요. 연이율은 %퍼센트로 나타내기 때문에 분모가 100이 되었을 때 계산이 가장 편하거든요. 여기서 바로 소수로 만들면 돼요. 따라서 0.12입니다. 앞에서 말했듯이 연이율과 같은 이율은 %로 나타냅니다. 연이율은 12%입니다.

스크루지 영감이 돈 냄새를 맡은 것 같습니다. "연이율 12%면 괜찮다."면서 "어디서 그렇게 주느냐."고 나에게 물어 옵니다. 계산상 그렇다고 하니까 스크루지 영감은 젊은 사람이 싱겁다고 합니다.

이율을 알면 이자를 구할 수 있습니다. 이자가 위기에 빠졌습니까? 뭐, 이율로 이자를 구한다고요? 이때, 50원을 잃어버린 스크루지 영감이 내게 버럭 화를 냅니다.

"이런 시시한 농담을 하는 경제학자를 봤나!"

스크루지 영감에게는 50원이 엄청 소중한가 봅니다. 나는 앞으로 스크루지 영감이 1원이라도 잃어버린 날에는 농담을 안 할 것을 굳게 다짐합니다.

이제 이율을 이용하여 이자를 구하는 방법을 알아봅니다.

　일류 요리사들은 요리의 맛을 보고 그 요리 안에 무엇이 빠지고 들어갔는지 알아낼 수 있습니다. 그것은 요리사의 머릿속에 요리를 만드는 방법이 입력되어 있기 때문입니다. 우리도 이자를 만드는 요리법을 머릿속에 입력해 두도록 합시다.

> **쏙쏙 이해하기**
>
> 이자 = 원금 × 이율 × 기간

원금, 이율, 기간을 알면 이 요리법을 이용하여 이자를 구할 수 있습니다. 반드시 기억하도록 합니다.

나는 이 요리법을 '자금이기'라는 말을 통해 암기합니다. '자~금이기'도 해. 이게 뭐냐고요? 어떤 방법이든 자기 나름대로 외우는 법을 터득하세요. 내 방법을 자세히 말하면 자는 이자, 금은 원금, 이는 이율, 기는 기간입니다. '자~ 금이기'도 해.

스크루지 영감과 나는 손을 맞잡고 파이팅을 합니다. 왜냐면 이제부터 본격적인 원리합계 요리를 시작할 것이기 때문입니다.

> **쏙쏙 문제 풀기**
>
> 은행에 다니는 삼촌이 5,000원에 대하여 연이율 1할 7푼으로 1년간 저금하면 이자를 주겠다고 합니다. 지금 당장 쓸데가 있지만 이자라는 말에 1년간 맡긴다면 이자는 얼마일까요?

'이자＝원금×이율×기간'입니다. 원금은 5,000원, 이율은 1할 7푼이고 1할 7푼을 소수로 고치면 0.17입니다. 기간은 1년이니까 공식에 대입하여 끓이기만 하면 됩니다. 보글보글 끓고 있는 장면을 볼까요?

5000×0.17×1＝850원

따라서 이자는 850원입니다.

다음 요리를 만들어 보겠습니다. 이자는 예금한 기간에 따라 이율을 달리하여 계산합니다. 1년보다 짧은 기간을 예금하였을 때의 이자를 계산해 보겠습니다. 이것은 돈을 다 모으기도 전에 돼지 저금통의 배를 가르는 것과 같습니다.

쏙쏙 문제 풀기

재석은 출연료 52,000원을 연이율 1할 5푼으로 6개월간 저금하였습니다. 이자는 얼마일까요?

이율은 연이율인데 문제에서 구하려는 기간은 1년이 안 됩니다. 그러므로 월이율을 구해야만 6개월간의 이자를 구할 수 있습니다. 월이율을 구하려면, 연이율 1할 5푼을 12개월로 나누어야 합니다.

$0.15 \div 12_{개월} = 0.0125$

이제 월이율 0.0125를 이용하여 이자를 구해 보겠습니다.

$$52000 \times 0.0125 \times 6 = 3900$$

이 식에서 6을 곱해 주는 이유는 월이율이기 때문입니다.

원금과 이자의 합을 원리합계라고 합니다. 원리합계를 우리 어린 조카는 원리합체라고 말합니다. 아직 발음이 서툴거든요. 하지만 원리합계와 원리합체는 쓰임이 비슷한 것 같습니다. 왜냐면 원리합계는 원금과 이자를 더한 것이니까요.

원리합계 = 원금 + 이자

앞의 두 문제가 짜장면과 우동에 해당하는 기본 요리라면 이제는 정통 중화요리 난젠완쯔에 해당하는 고급 요리를 만들어 보겠습니다.

> **쏙쏙 문제 풀기**
>
> 명수의 출연료 70,000원을 연이율 1할 2푼 5리로 2년간 저금하면, 원리합계는 얼마일까요?

우선, 이 요리의 요리법을 살펴봅니다.

원리합계
＝원금＋이자
＝원금＋(원금×이율×기간)

만드는 과정이 좀 복잡하지요. 하지만 돈맛을 아는 스크루지 영감은 벌써부터 입맛을 다십니다. 요리를 시작합니다. 힘을 내세요!

70000＋(70000×0.125×2)
＝70000＋17500
＝87500원

앞의 요리 과정, 아니 풀이 과정을 보니까 앞에서 보아 온 기본 요리인 이자 요리를 바탕으로 식을 만든 것 같습니다. 이자에 '원금×이율×기간'을 넣어 풀었으니까요.

자, 우리가 만든 원리합계 요리를 맛있게 먹으면서 이번 교시를 마칩니다. 3교시에서 또 만나요. 스크루지 영감! 원리합계 요리가 맛있다고 과식은 하지 마세요.

수업정리

❶ 이자는 경제학 및 법률 용어로, 원본인 유동 자본_{화폐}의 대부_{빌려줌}로부터 발생하는 수익으로서 원본액과 사용 기간에 비례하여 일정한 이율에 따라 지급되는 금전 기타의 대체물을 의미합니다.

❷ 이율 = $\dfrac{\text{단위 기간의 이자}}{\text{원금}}$

❸ 이자 = 원금 × 이율 × 기간

❹ 원리합계 = 원금 + 이자
 = 원금 + (원금 × 이율 × 기간)

3교시

단리법과 복리법

단리와 복리의 차이에 대해 알아보고
이자를 계산해 봅니다.

수업 목표

단리법과 복리법에 대해 알아봅니다.

미리 알면 좋아요

1. **연금술사** 연금술鍊金術, alchemy은 근대 과학 이전 단계의 과학과 철학적인 시도로 화학, 금속학, 물리학, 약학, 점성술, 기호학, 신비주의 등을 거대한 힘의 일부로 이해하려는 운동이었습니다. 흔히 금속에서 금 같은 귀금속을 정련하려는 시도로 알려져 있습니다. 연금술은 메소포타미아, 고대 이집트, 페르시아, 인도, 중국 등에서 이루어 졌으며, 고대 그리스와 로마 그리고 이슬람 문명권과 유럽에서 19세기까지 여러 단체와 철학적 시스템으로 2500여 년 동안 서로 상호 작용해 왔습니다.

2. **인수분해** 한 다항식을 두 개 이상의 인수로 분해하는 것을 말합니다.
$x^2+7x+12$의 경우 $(x+3)(x+4)$로 만드는 것을 말합니다. 이와 반대로 $(x+3)(x+4)$를 $x^2+7x+12$로 만드는 것은 전개라고 합니다.
인수분해에는 조립제법을 이용한 방법과 공통 인수로 묶는 방법, 곱셈 공식을 이용하여 분해하는 방법이 있습니다.

3. **지수** 어떤 수의 거듭제곱을 나타내기 위해 그 수의 오른쪽 위에 작게 쓴 수. 예를 들어, 3^4에서 4는 지수이고 3은 밑입니다.

앨프리드 마셜의 세 번째 수업

이제 스크루지 영감이 아주 좋아하는 삶의 목표, 이자에 대해 이야기하기로 합니다.

이자를 계산하는 방법에는 단리법과 복리법이 있습니다. 두 가지 경우가 나오면 사람의 심리는 둘 중 하나를 선택해 보고자 합니다.

여러분은 둘 중에 무엇을 선택하겠습니까? 스크루지 영감은 바로 복리를 선택합니다. 나는 달리 선택의 여지가 없어 단리를 선택했습니다. 별로 달갑지 않습니다. 왜냐면 스크루지 영감이 복리를 선택한 것은 이유가 있기 때문입니다. 곧 그 이유를 알게 될 것입니다. 돈에 관해서 스크루지 영감을 따라올 자가 감히 누가 있겠습니까?

단리법과 복리법에 대해 설명하겠습니다. 단리법은 처음 빌린 원금에 대해서만 이자를 계산하는 방법입니다. 복리법은 일정한 기간마다 이자를 원금에 합하여 그 합한 금액이 다음 기간의 원금이 되어 이자를 계산하는 방법입니다. 한마디로 복리는 이자에 이자가 붙는 방법이지요. 그러니 돈이 얼마나 늘어나겠습니까? 스크루지 영감이 복리를 선택한 이유를 알겠지요? 내가 한발 늦게 선택한 단리법부터 알아보겠습니다.

단리법에 대해서는 2교시에서 살짝 본 원리합계부터 살펴봅시다. 일반적으로 단리법에 의한 이자와 원리합계의 계산은 다음과 같습니다.

> **Tip 단리법에 의한 이자의 계산**
>
> 원금을 m, 이율을 e, 기간을 n이라고 할 때, 단리법에 의한 이자 g와 원리합계 s는 각각
> $g = m \times e \times n$ 우연히 man의 복수형 men이 되었습니다
> $s = m + g = m(1 + en)$

영어가 나오니까 더욱 힘들어지는 것 같아서 우리말로 풀이를 하겠습니다.

이자 = 원금 × 이율 × 기간

원리합계 = 원금 + 이자 = 원금 + (원금 × 이율 × 기간)

'원금＋(원금×이율×기간)'을 다시 자세히 생각해 봅니다. 원금이 두 군데 보입니다. 둔갑술을 하고 있습니다. 대단한 원금입니다. 하지만 원금이 하나만 보이게 만들겠습니다. 우리는 수학의 연금술사이니까요. 스크루지 영감이 연금술사라는 말에 귀가 번쩍 뜨입니다. 돌이나 다른 금속을 금으로 만드는 기술자가 바로 연금술사이니까 그 말에 정신이 번쩍 드는 것은 스크루지 영감에게는 당연한 반응입니다. 다시 수학으로 돌아옵니다.

수학에는 인수분해라는 기술이 있습니다. 중학교 3학년 때 등장하여 고등학교를 졸업할 때까지 우리에게 때로는 친근한 벗이 되기도 하고 수학을 싫어하는 학생들에게는 치명적인 독약으로 작용하기도 하는 인수분해……. 필요악이라고나 할까요. 그 인수분해를 이 자리를 빌려 공부해 봅니다.

인수분해에는 여러 가지 기술이 있지만 첫 기술로는 공통 인수를 끄집어내는 핀셋 기술이 있습니다. 공통 인수를 끌어내고 괄호로 묶는 기술이지요. 원금을 끄집어내 보겠습니다.

원금＋(원금×이율×기간)
＝원금×(1＋이율×기간)

원금의 자리에서 원금을 끄집어내고 아무것도 없는 곳에는 원래 원금의 자리였다는 것을 나타내기 위해서 1을 적어 둡니다. 그러한 이유로 다음과 같은 식이 성립되는 것입니다.

$$s = m + (m \times e \times n) = m(1 + en)$$

배운 것을 익히지 않으면 아무 소용이 없습니다. 그래서 문제를 통해 익혀 보겠습니다. 수학을 싫어하는 스크루지 영감이지만 이자 문제라는 소리에 눈을 크게 뜨고 쳐다봅니다.

쏙쏙 문제 풀기

나는 조카에게 게임기를 사 주기 위해 5월 26일에 은행에서 90만 원을 연이율 9.5%에 빌려 7월 31일에 갚기로 했습니다. 카드로 사려다가 이자 공부도 할 겸 돈을 빌려 보았습니다. 만기일돈을 갚는 날에 이자 계산을 포함하여 단리법에 의한 원리합계를 구해 보겠습니다.

단, 소수점 아래 첫째 자리에서 반올림합니다. 학생들은 이런 조건을 가장 싫어합니다. 스크루지 영감도 이런 유형의 조건을 아주 싫어한다고 하네요.

그래서 여러분은 계산기를 사용해도 좋습니다. 하지만 계산기를 가지고 책을 읽는 것도 상당히 번거롭다는 것을 나는 알고 있습니다. 그냥 눈으로 죽 훑어보세요.

이 문제의 핵심은 며칠 동안 돈을 빌렸냐는 것입니다. 식을 한번 세워 봅니다.

5월 26일에서 31일까지면 31-26+1을 해야 합니다. 초등학교 때 날짜 계산법에서 배웠지요. 1을 더하는 것 말입니다. 그래서 6일이 나옵니다. 그다음 6월은 30일까지입니다. 7월은 31일이지요. 다 더하면 67일 동안 우리는 은행 돈을 빌려 쓴 셈입니다. 이제 원리합계의 계산을 해 보겠습니다. 67일간의 이자와 원금을 합하면 원리합계는 다음과 같습니다.

$$900000\left(1+0.095\times\frac{67}{365}\right)≒915695 원$$

와! 67일간 돈을 빌리고 이자를 15,695원 냅니다. 옆에 서 있는 스크루지 영감은 역시 돈놀이가 최고라고 말합니다. 자기가 그 돈을 빌려줄 때는 이자를 더 받을 것이라고 합니다. 지독한

구두쇠 영감입니다.

보통 이율은 연이율인데 날수를 연이율로 만들려면 $\frac{x}{365}$를 이용해 계산하면 됩니다. 이것은 우리가 분을 시간으로 바꾸는 것과 같은 방법입니다. 24분을 $\frac{24}{60}$시간으로 만들면 분을 시간으로 고친 것이 됩니다.

이자 계산에서 단리법에 의한 이자는 그래도 착한 이자에 속합니다. 복리가 얼마나 힘이 센지 알아보겠습니다. 복리 계산에 앞서 복리와 단리의 개념을 먼저 비교해 보겠습니다. 단리는 권투로 치면 잽톡톡 치는 가벼운 펀치에 해당합니다. 복리는 온 힘을 다 쏟아 올려 치는 어퍼컷주먹의 곡선 형태가 복리를 나타내는 그래프와 비슷합니다의 위력입니다.

앨프리드 마셜의 세 번째 수업

단리법은 원금에 대한 이자만 생각하면 됩니다. 하지만 복리법은 원금과 새로 생긴 이자를 합한 총금액에 다시 이자를 붙여 나갑니다. 단리법과 복리법의 계산은 처음에는 얼마 차이가 나지 않습니다. 하지만 어느 정도 시간이 흐르면 어퍼컷을 턱에 한 대 정통으로 맞은 것만큼 많은 차이를 냅니다. 복리법의 이자 증가율은 폭발적으로 커지는 것입니다.

앞에서 본 두 권투 선수가 나타내는 그래프를 보면 짐작할 수 있듯이 단리법의 그래프는 일정한 기울기를 가지는 직선이지만 복리법은 점점 위로 급격히 올라가는 그래프입니다. 시간이 지날수록 단리와 복리의 차이는 엄청 벌어지게 됩니다. 복리의 이자 계산에 기분이 좋아 입이 점점 벌어지는 스크루지 영감처럼 말입니다.

단돈 5원과 복리의 위력을 보여 주겠습니다. 자세한 내용은 《뉴턴이 들려주는 지수함수와 로그함수 이야기》를 참고하고 여기서는 간략하게 말하겠습니다.

5원을 2000년 동안 은행에 연리 2%의 단리로 저금하면 2000년 후에는 원금 5원과 이자 200원을 합해 205원을 받을 수 있습니다. 돈을 받기 위해 손을 내밀기 부끄럽습니다.

하지만 복리법에 의해 계산해 보면 받을 수 있는 금액은 793,073,663,801,884,000원입니다. 여러 명의 학생이 입을 다물지 못합니다. '복리의 힘'입니다.

이런 복리에 대해 좀 더 자세히 알아보고 싶은 생각이 마구 솟아나지요. 옆에 있던 스크루지가 군침을 흘리고 있습니다.

복리라 함은 이자에 이자가 곱해지는 것을 말합니다. (이자)×(이자)=(이자)^2, 여기서 끝이 아닙니다. 계속해서 이런 식으로 나아갑니다.

지수는 대단한 힘을 가지고 있습니다. 3반에 있는 지수 학생을 말하는 게 아닙니다. 거듭제곱의 형태를 띠고 있는 지수를 말하는 것입니다. 지수 모양으로 곱해지는 것을 복리라고 보면 됩니다. 예를 들어 설명해 보겠습니다.

원금이 5,000,000원이고 이자는 (원금)×(연이율)=5000000×0.08로 계산합니다. 연이율은 내가 그냥 정했습니다. 숫자 8은 중국에서는 부의 상징이거든요. 그래서 1년 뒤의 원리합계는 5000000(1+0.08)원이 됩니다.

여기서 좀 더 쉽게 원금 5,000,000원에 이자가 붙는 장면을 좀 더 느린 동작으로 보여 주겠습니다. 일단 원금이 목에 힘을 주며 있습니다. 여기에 이자가 붙는데 이자는 언제나 원금에 대한 이자입니다. 원금에 대한 이자는 곱하기로 표현할 수 있습니다.

5000000×0.08

이 전체가 이자입니다. 그래서 다음과 같이 원금에 이자를 붙인 모습이 완성된 것입니다.

$5000000 + 5000000 \times 0.08$

그런데 우리는 원하지 않지만 수학을 잘하는 친구들은 $5000000 + 5000000 \times 0.08$을 인수분해를 이용하여 정리합니다. 다음과 같이 말이죠.

$5000000(1 + 0.08)$

복리라는 것은 $5000000(1 + 0.08)$을 원금으로 하여 다시 이자를 붙여 나가는 것입니다.

$$5000000(1+0.08)+5000000(1+0.08)\times 0.08$$
$$=5000000(1+0.08)^2$$

이런 결과가 나오는 것을 다시 스크루지 영감과 함께 느린 동작으로 보여 주겠습니다.

처음에는 스크루지 영감이 원금인 $5000000(1+0.08)$을 흐뭇하게 쳐다봅니다. 내가 원금에 다가갑니다. 거기에 천천히 $5000000(1+0.08)\times 0.08$을 이자로 붙입니다. 두 식의 연결 고리는 더하기$+$입니다.

$$5000000(1+0.08)+5000000(1+0.08)\times 0.08$$

여기까지 나왔습니다. 앞에서도 다루었듯이 인수분해를 통해 예쁘게 만들도록 하겠습니다.

공통 인수에 해당되는 부분이 $5000000(1+0.08)$입니다. 공통 인수를 앞으로 빼냅니다. 기니까 손으로 죽 뽑아 주세요. 뽑아낸 자리에 아무것도 없으면 그 자리를 상징하기 위해서 1을 쓰는 것입니다.

$$5000000(1+0.08)(1+0.08)$$

앗! 그런데 이런 해괴한 일이 있습니까? $(1+0.08)(1+0.08)$로 같은 모양이 되었습니다. 같은 것끼리의 곱은 지수 모양으로 만들 수 있습니다. 그래서 복리는 지수와 친한 연인 사이입니다.

복리는 이런 규칙성을 가지고 계속해서 이자에 이자가 곱해져 나가는 것입니다. 여러분이 싫어할 것을 각오하고 나는 복리 계산을 문자와 식으로 표현해 보겠습니다. 이 표현을 끝으로 3교시를 마치겠습니다.

원금을 P, 이율을 I라고 할 때, 복리에 의한 n기 말의 원리합계 S_n은 다음과 같습니다.

제1기 말의 원리합계 : $S_1 = P(1+I)$

제2기 말의 원리합계 : $S_2 = S_1(1+I) = P(1+I)(1+I)$
$= P(1+I)^2$

제3기 말의 원리합계 : $S_3 = S_2(1+I) = P(1+I)^3$

$\vdots$

제n기 말의 원리합계 : $S_n = P(1+I)^n$

일반적으로 복리법에 의한 원리합계의 계산은 위의 마지막 식으로 나타냅니다. 기간이 n이라면 n제곱이 되는 것입니다. 알고 보면 무서운 놈입니다. 수학을 좀 공부하는 친구들은 복리의 무서움을 잘 압니다. 돈을 좀 만지는 친구들도 복리를 잘 안다고 스크루지 영감이 말하는군요.

오늘 밤에 무서운 복리의 꿈을 꾸지 마세요. 간혹 복리로 매 맞는 꿈을 꾸는 친구들이 있습니다. 그건 키 크려고 하는 꿈입니다. 하하하. 4교시에서 만나요.

수업정리

❶ 이자＝원금×이율×기간

원리합계＝원금＋이자＝원금＋(원금×이율×기간)

❷ 원금을 P, 이율을 I라고 할 때, 복리에 의한 n기 말의 원리합계 S_n은 다음과 같습니다.

제1기 말의 원리합계 : $S_1 = P(1+I)$

제2기 말의 원리합계 : $S_2 = S_1(1+I) = P(1+I)(1+I)$
$$= P(1+I)^2$$

제3기 말의 원리합계 : $S_3 = S_2(1+I) = P(1+I)^3$

⋮

제n기 말의 원리합계 : $S_n = P(1+I)^n$

앨프리드 마셜과 함께하는 쉬는 시간 1

앞에서 우리는 단리법과 복리법에 대해 알아보았습니다. 단리법과 복리법에는 분명한 차이가 있습니다. 그런 차이를 생각하며 명수와 재석의 다툼을 살펴보도록 합니다.

명수는 재석이에게 100만 원을 연이율 10%로 3년 동안 빌렸습니다. 3년 뒤 갚아야 할 이자에 대하여 명수와 재석의 주장이 다음과 같습니다. 두 사람이 다른 주장을 하게 된 이유에 대하여 서로 이야기해 봅니다.

명수는 돈을 빌린 입장이기 때문에 이자를 단리로 계산하자고 합니다.

"우리 사이에 이자는 뭐…… 달리 생각할 것도 없이 단리로 하죠!"

돈을 빌려준 재석의 입장에서는 이자를 복리로 계산하자고 합니다.

"새해 복 많이 받기 위해서 이자 계산은 복리로 해요."

각각 왜 이런 주장을 하는지 사람의 심리에 맞추어 토론해 봅시다.

예금

4교시

> 예금이란 무엇일까요?
> 예금의 의미와 종류를 살펴보고,
> 등비수열을 이용해 원리합계를 계산해 봅니다.

수업 목표

1. 예금에 대해 상세히 알아보도록 합니다.
2. 예금과 등비수열의 연관성을 찾아봅니다.

미리 알면 좋아요

1. **채무** 재산권의 하나로 특정인이 다른 특정인에게 어떤 행위를 하여야 할 의무를 말합니다.

2. **별단 예금** 금융 기관이 장부 처리상 설치한 잡종 예금의 하나.

3. **공차** 등차수열은 연속하는 두 수의 차이가 일정한 수열을 뜻합니다. 예를 들어 1, 3, 5, 7, 9, ……은 등차수열입니다. 이때 연속하는 두 수의 차이를 공차라고 합니다.

앨프리드 마셜의 네 번째 수업

오늘은 예금에 대해 공부하도록 하겠습니다. 스크루지 영감은 예금도 많이 한다고 들었습니다.

"그럼! '티끌 모아 태산'이라는 말처럼 한 푼, 두 푼 모은 돈이 목돈이 되지."

예금은 주로 은행에 합니다. 부자가 되려면 은행 문턱이 닳도록 들락거려야 한다고 합니다. 하지만 요새 은행에는 문턱이 없습니다. 앞으로 이 말은 고쳐야겠습니다. '은행 문에 지문을

남겨라.'는 어떻습니까? 많은 학생의 얼굴에 화가 치밀어 오르는 장면이네요.

예금이란 일정한 계약에 의하여 은행이나 우체국 따위에 돈을 맡기는 일을 뜻합니다. 또는 우리가 은행에 통장을 만들고 넣어 둔 돈을 말하기도 합니다. 스크루지 영감은 예금이 얼마나 되나요?

"쉿! 요즘 세상에 예금을 말하면 안 돼. 얼마나 험한 세상인데."

예금을 법률적으로 알아보면 말이 아주 딱딱해질 수 있으므로 스크루지 영감은 그때마다 베이킹 소다를 뿌려 주세요. 이 책은 법률가를 위한 책이 아니라 학생들을 위한 책이니까요.

예금은 법률적으로는 금융 기관은행이 예금주저금하는 우리로부터 금전돈의 보관, 운용을 위탁관리해 달라고받음으로써 발생한 금융 기관의 채무빚이며, 예금주돈을 저금한 사람로서는 금융 기관은행에 대한 지급 청구권돈을 찾을 수 있음입니다.

작은 글씨는 스크루지 영감이 여러분을 위해서 말을 쉽게 하려고 베이킹 소다를 친 것입니다. 음식을 만들 때 베이킹 소다는 음식의 재료를 부드럽게 만드는 역할을 합니다.

은행은 우리가 저금한 예금을 가지고 또 다른 수익 사업에 투자함으로써 이익을 얻습니다. 그것을 대출 업무라고 하지요. 은행의 업무는 크게 예금과 대출로 나뉩니다. 한마디로 남의 돈을 빌려서 장사를 합니다. 스크루지 영감도 그렇게 해서 돈을 많이 벌었습니다.

여러분은 혹시 고리대금업자라는 말을 들어 보았습니까? 돈이 필요한 사람에게 아주 비싼 이자로 돈을 빌려주는 사람 말입니다. 그런 일을 주로 하는 사람이 바로 스크루지 영감입니다. 나는 스크루지 영감이 피도 눈물도 없는 사람인 줄 알았는데 저번에 밤새도록 돈을 세다가 코피 흘리는 것을 보고 깜짝 놀랐습니다. 스크루지 영감도 피가 있더라니까요. 신기해요.

다시, 예금 이야기로 돌아갑니다. 예금에는 계약을 하기에 따라 요구불 예금과 저축성 예금이 있습니다. 요구불 예금이란 돈을 맡긴 사람이 언제든지 빼서 쓸 수 있는 예금을 말합니다. 이런 예금으로는 보통 예금, 당좌 예금, 별단 예금, 어린이 예금, 가계 종합 예금, 비거주자 원화 예금 등이 있습니다. 와! 나는 어린이 예금이란 말을 듣고 깜짝 놀랐습니다. 어린이의 코 묻은 돈까지도……. 이것은 내 편견일 뿐입니다. 은행이 문방구 같은 역할도 하는군요.

<mark>저축성 예금</mark>은 일정 기간이 지나야 받을 수 있는 예금입니다. 저축성 예금으로는 정기 예금, 저축 예금, 정기 적금, 재형저축, 목돈 마련 저축 등이 있습니다.

모든 예금에는 그에 대한 이자가 지급됩니다. 물론 저축성 예금에 이자가 더 많이 붙겠지요. 은행 입장에서는 좀 더 안정된 기간 동안 돈을 운용할 수 있으니까요.

이제 예금에 대한 이야기는 제법 한 것 같습니다. 스크루지 영감은 예금보다는 예금으로 인해 생기는 이자에 더 많은 관심

이 쏠립니다. 사실 나도 그렇습니다. 예금으로 발생되는 이자에 대한 이야기를 하도록 하겠습니다. 이 책은 수학 이야기책입니다. 그래서 우리는 원리합계 문제를 풀어 봄으로써 이자가 어떻게 발생하는지를 알아보도록 합니다.

수학 문제를 풀겠다고 하니 스크루지 영감의 얼굴빛이 오래된 10원짜리 같습니다. 스크루지 영감은 내가 수학 문제를 내지 않으면 5천 원을 주겠다고 합니다. 정말 구두쇠입니다. 5천 원으로 흥정을 하려고 하다니……. 그래서 나는 콧방귀를 뀌었습니다.

스크루지 영감이 벌벌 떨리는 손으로 지갑에서 만 원을 꺼내며 사정을 합니다. 그래서 나는 일단 이론 수업을 조금 더 하고 문제를 두 문제만 푸는 선에서 이번 수업을 마무리하겠다고 말했습니다. 오늘 나는 만 원을 벌었습니다. 수학으로도 돈을 벌 수 있다는 것을 나는 여러분에게 보여 주었습니다.

원금 a원을 이율 r로 예금할 때 1기간 후, 2기간 후, 3기간 후, ……, n기간 후의 원리합계를 알아보겠습니다.

먼저 원금 a원을 이율 r로 예금할 때 단리법의 경우를 알아보겠습니다. 이 경우 원리합계는 공차가 ar인 등차수열을 이룹니다. 앗! 공차와 등차수열이란? 공차는 등차수열에서 연속되는 두 항의 차입니다. 그럼 등차수열은 무엇인가요? 등차수열은 서로 이웃하는 두 항 사이의 차가 일정한 수열입니다. 일단 수식으로 한번 나타내 보고 이야기하도록 합니다.

$$a(1+r), a(1+2r), a(1+3r), \cdots\cdots, a(1+nr)$$

단리법인 경우는 등차수열을 이루고 있습니다. 한마디로 이자가 별로라는 소리입니다.

자, 스크루지 영감이 고대하는 복리법이 등장합니다. 어서 오시게, 복리법!

복리법인 경우, 원리합계는 공비가 $1+r$인 등비수열을 이룹니다. 이때, 스크루지 영감이 놀라며 한마디 던집니다.

"아니, 초대하지도 않은 공비와 등비수열은 웬 놈이냐?"

아, 공비와 등비수열에 대해 설명하겠습니다. 공비란 등비수열에서 각 항과 바로 그 앞항 사이의 비나누기입니다. 등비수열은 초항부터 차례로 일정한 수를 곱하여 이루어진 수열입니다. 말뜻으로 짐작해 보면 이자가 더해지는 것보다는 곱해지는 것이 많을 것 같지요. 그래서 복리법은 등비수열입니다.

$$a(1+r), a(1+r)^2, a(1+r)^3, \cdots\cdots, a(1+r)^n$$

약속한 시간이 돌아왔습니다. 이때, 스크루지 영감이 나에게 만 원짜리 1장을 더 찔러 줍니다. 하지만 이제는 소용없습니다. 이 문제는 학생들을 위해 반드시 풀어야 하는 문제입니다.

쏙쏙 문제 풀기

원금 10,000원아까 스크루지 영감에게 받은 돈을 연이율 6%로 예금할 때, 10년 후의 원리합계를 단리법과 복리법으로 각각 구해 봅시다. 단, 상용로그표를 이용해야 합니다. 여기서는 그 값을 가르쳐 주겠습니다.

단리법으로 원리합계를 구하면 다음과 같습니다.

$$10000(1+10\times 0.06)=10000\times 1.6=16000원$$

이자가 6,000원이라는 말에 스크루지 영감이 마음이 아프다고 합니다. 단리법에 마음이 아프다면 복리로 계산하면 병원에 입원하는 것 아닐까요.

복리법으로 원리합계를 구하면 다음과 같습니다.

$10000(1+0.06)^{10} ≒ 10000 × 1.79 = 17900$원

아까 앞에서 상용로그표를 이용한다는 부분이 바로 1.06^{10}입니다. 1.06^{10}은 1.79와 같습니다. 그냥 계산하기는 엄청 힘이 들거든요. 수학적으로 이야기하는 것을 좀 싫어하는 나이지만 그렇다고 수학을 못하는 것은 아닙니다. 오래간만에 나의 실력을 발휘하겠습니다. $x=1.06^{10}$으로 둡시다. 이런 계산에 필요한 것이 바로 로그입니다. 《네이피어가 들려주는 로그 이야기》를 보면 자세히 알 수 있지만 아무튼 로그를 사용합니다. 로그는 log입니다.

$\log x = \log 1.06^{10}$

$\qquad = 10 × \log 1.06$

$\qquad = 10 × 0.0253$ 네이피어가 만든 상용로그표로 찾은 결과

$\qquad = 0.253$

$∴ x ≒ 1.79$

    내 계산 실력에 스크루지 영감이 아주 놀라워합니다. 뭐, 이까짓 걸 가지고……. 놀라지 마세요. 앞으로 종종 내 수학 실력을 보여 주겠습니다.

    문제를 하나 더 풀고 이번 수업도 정리하려고 합니다. 갑자기 스크루지 영감의 얼굴빛이 흐려집니다. 하지만 내가 원금 60만 원이라고 말하자 스크루지 영감의 눈이 반짝반짝 빛납니다. 스크루지 영감은 돈이라면 자다가도 벌떡 일어날 정도입니다.

문제 풀기

원금 60만 원을 2년 6개월 동안 연이율 8%의 복리로 은행에 예금하였습니다. 만기일의 원리합계를 구해 봅시다. 단, 소수점 아래 첫째 자리에서 반올림하도록 합니다.

문제를 풀기 전에 알아 둘 것이 있습니다. 연이율이 주어지면 이자 계산도 연 단위로 하고, 월이율이 주어지면 이자 계산도 월 단위로 하는 것이 보통이라고 합니다. 따라서 연 단위의 복리로 이자를 계산할 때, 2년 6개월 동안의 이자 계산에서 2년은 복리로, 나머지 6개월은 단리로 계산한다고 합니다.

자, 이제 풀이 들어갑니다. 원금을 P, 이율을 I라고 할 때, 2년 동안의 복리에 의한 원리합계 S_1은 다음과 같이 계산합니다.

$$S_1 = P(1+I)^n$$
$$= 600000\left(1 + 8 \times \frac{1}{100}\right)^2 = 699840 \text{원}$$

특별히 계산기를 사용해도 좋습니다. 계산기도 필요할 때는 써야 합니다. 나머지 6개월 동안은 단리로 계산하므로 그때의 이율을 I′라 하면 구하는 원리합계 S는 다음과 같습니다.

$$S = S_1(1+I')$$
$$= 699840 \times \left(1 + 8 \times \frac{1}{100} \times \frac{6}{12}\right) \fallingdotseq 727834원$$

여기서 나온 $\frac{6}{12}$은 1년은 12월이고 6개월에 대한 이자만 계산해야 하므로 $\frac{6}{12}$이라고 계산하는 것입니다.

복리 계산이 좀 복잡한 관계로 복리표라는 것이 나와 있습니다. 참고로 다음 쪽에 있는 복리표를 살펴보면서 이 시간을 마칩니다.

복리표

$i=0.05(5\%)$		$i=0.06(6\%)$		$i=0.07(7\%)$		$i=0.08(8\%)$	
n	$(1+i)^n$	n	$(1+i)^n$	n	$(1+i)^n$	n	$(1+i)^n$
1	1.050000	1	1.060000	1	1.070000	1	1.080000
2	1.102500	2	1.123600	2	1.144900	2	1.166400
3	1.157625	3	1.191016	3	1.225043	3	1.259712
4	1.215506	4	1.262477	4	1.310796	4	1.360489
5	1.276282	5	1.338226	5	1.402552	5	1.469328
6	1.340096	6	1.418519	6	1.500730	6	1.586874
7	1.407100	7	1.503630	7	1.605781	7	1.713824
8	1.477455	8	1.593848	8	1.718186	8	1.850930
9	1.551328	9	1.689479	9	1.838459	9	1.999005
10	1.628895	10	1.790848	10	1.967151	10	2.158925
11	1.710339	11	1.898299	11	2.104852	11	2.331639
12	1.795856	12	2.012196	12	2.252192	12	2.518170
13	1.885649	13	2.132928	13	2.409845	13	2.719624
14	1.979932	14	2.260904	14	2.578534	14	2.937194
15	2.078298	15	2.396558	15	2.759032	15	3.172169
16	2.182875	16	2.540352	16	2.952164	16	3.425943
17	2.292018	17	2.692773	17	3.158815	17	3.700018
18	2.406619	18	2.854339	18	3.379932	18	3.996019
19	2.526950	19	3.025600	19	3.616528	19	4.315701
20	2.653298	20	3.207135	20	3.869684	20	4.660957
21	2.785963	21	3.399564	21	4.140562	21	5.033834
22	2.925261	22	3.603537	22	4.430402	22	5.436540
23	3.071524	23	3.819750	23	4.740530	23	5.871464
24	3.225100	24	4.048935	24	5.072367	24	6.341181
25	3.386355	25	4.291871	25	5.427433	25	6.848475
26	3.555673	26	4.549383	26	5.807353	26	7.396353
27	3.733456	27	4.822346	27	6.213868	27	7.988061
28	3.920129	28	5.111687	28	6.648838	28	8.627106
29	4.116136	29	5.418388	29	7.114257	29	9.317275
30	4.321942	30	5.743491	30	7.612255	30	10.062657
31	4.538039	31	6.088101	31	8.145113	31	10.867669
32	4.764941	32	6.453387	32	8.715271	32	11.737083
33	5.003189	33	6.840590	33	9.325340	33	12.676050
34	5.253348	34	7.251025	34	9.978114	34	13.690134
35	5.516015	35	7.686087	35	10.676581	35	14.785344

수업정리

❶ 원금 a원을 이율 r로 예금할 때, 단리법의 경우 원리합계는 공차가 ar인 등차수열을 이루고, 복리법의 경우 원리합계는 공비가 $1+r$인 등비수열을 이룹니다.

❷ 공비란 등비수열에서 각 항과 바로 그 앞항 사이의 비 나누기 를 말합니다. 여기서 등비수열이란 초항부터 차례로 일정한 수를 곱하여 이루어진 수열입니다.

❸ 단리법의 원리합계는 등차수열을 이용합니다.
$a(1+r), a(1+2r), a(1+3r), \ldots\ldots, a(1+nr)$

❹ 복리법의 원리합계는 등비수열을 이용합니다.
$a(1+r), a(1+r)^2, a(1+r)^3, \ldots\ldots, a(1+r)^n$

적금

5교시

적금과 기수불, 기말불에 대해 알아보고
등비수열의 합 공식을 이용해 원리합계를 계산합니다.

수업 목표

1. 적금에 대해 알아봅니다.
2. 기수불에 대해 알아봅니다.
3. 기말불에 대해 알아봅니다.
4. 등비수열의 합 공식을 공부합니다.

미리 알면 좋아요

1. **연부** 물건값이나 빚 따위의 일정한 금액을 해마다 나누어 내는 일. 또는 그런 돈.

2. **월부** 물건값이나 빚 따위의 일정한 금액을 다달이 나누어 내는 일. 또는 그런 돈.

3. **일부** 물건값이나 빚 따위의 일정한 금액을 며칠에 나누어 날마다 내는 일. 또는 그런 돈.

앨프리드 마셜의 다섯 번째 수업

오늘은 적금을 붓는 날입니다. 적금을 타면 그 돈으로 무엇을 할까 무척 행복합니다. 그 행복에 젖어 오늘은 적금에 대해 공부해 보도록 합니다.

적금이란 앞에서 살짝 이야기했듯이 일정한 기간 동안 은행에 일정한 금액을 적립하는 저금의 형태입니다. 은행과의 계약에 따라 기간을 정해 놓고 일정한 금액을 은행에 정기적으로 예금하고 정해진 기간이 끝나면 약정한 금액을 돌려받는 예금의 형태입니다. 약정된 금액에는 이자가 듬뿍 붙어 있습니다. 스크루지 영감도 예금보다는 적금이 이자가 많다며 적금을 사랑한다고 합니다.

그래서 적금은 적은 돈의 저축으로 목돈을 만드는 데 많이 사용됩니다. 적금은 넣는 기간에 따라 연부, 월부, 일부 등으로 구분됩니다. 그리고 우리가 조금 있다가 배우게 될 기수불과 기말불은 돈을 초에 넣느냐 말에 넣느냐에 따라 나누어지게 됩니다.

하지만 살다 보면 피치 못할 사정으로 적금을 해약하는 경우를 보게 됩니다. 드라마에서는 극적으로 보이기 위해 많은 이자를 못 받게 되는 딱한 사정을 어려운 환경의 사람이 당하는 장면으로 연출합니다. 〈전설의 고향〉 같은 드라마를 보면 100일만 참으면 인간이 되는 여우 이야기도 나옵니다. 그러나 99일째 되는 날 사고가 터집니다. 그래서 인간이 되지 못한 여우가 하루만 더 참으면 인간이 되는데 하면서 아주 안타까운 장면을 연출합니다. 그런 예는 '그리스 로마 신화'에서도 간혹 등장합니다. 어떠한 조건을 지키지 못하여 발생되는 안타까운 장면입니다.

이런 약속과 조건을 지켰을 때 많은 이자를 주는 것이 바로 적금입니다. 은행 입장에서 이런 조건을 내세우는 이유는 정해진 기간 동안 돈을 안정적으로 이용하기 위해서입니다. 하지만 피치 못할 사정으로 만기가 되기 전에 이미 저축한 금액을 인출하려면 은행에 통지하여 계약을 해지해야 합니다. 물론 약속한 이자는 받을 수 없습니다. 은행으로서도 어쩔 수 없습니다. 은행은 저축자가 상당한 기간 동안 돈을 요구하지 않으리라고 판단하고 자금을 사용하였으므로 그에 대한 책임은 해약자가 지게 마련입니다. 그렇지만 만기 적금자는 일반적인 예금보다는 높은 이자율을 받게 됩니다.

옛날에 나도 적금을 이용하여 학비를 마련한 적이 있습니다. 나는 매년 말에 50만 원을 모아서 4년 동안 은행에 적립하여 마지막 학비를 준비했습니다. 옥스퍼드 은행에서 연이율 9%의 복리로 4년 동안 그 돈을 맡아 주는 정기 적금이 있었습니다. 그래서 나는 매년 말에 예금하는 금액에 대한 각각의 원리합계를 그림으로 나타내 보았습니다. 그림을 보고 몇 가지 물음에 답해 보도록 하겠습니다.

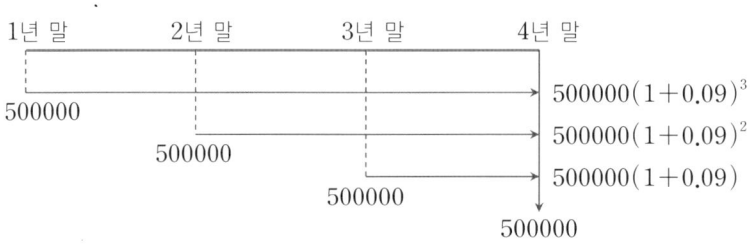

위 그림의 식을 참조하여 해마다의 원리합계를 구해 보고 4년 후에 은행으로부터 받는 금액을 알아보도록 하겠습니다.

그림에서 알 수 있듯이 첫해에 맡긴 50만 원에 대한 원리합계가 가장 많습니다. 그 금액을 계산해 보면 $500000(1.09)^3$입니다. 3년에 걸친 복리가 붙은 셈입니다. 숫자들이 따닥따닥 붙어 있어서 보기 힘드나요. 풀어 주겠습니다.

$$500000 \times (1+0.09)^3$$

여기서 괄호 안의 1은 원금에 대한 수이고 0.09는 연이율 9%를 수로 나타낸 것입니다. 조그마한 3은 3년에 걸친 복리 계산인 것입니다. 4가 아니라 3인 이유는 돈을 매년 말에 넣기 때문에 1년에 대한 이자가 빠진 것입니다.

이듬해에 맡긴 50만 원에 대한 원리합계를 구해 보면 $500000(1.09)^2$이 됩니다. 그리고 세 번째 해에 맡긴 50만 원에 대한 원리합계는 $500000(1.09)$가 됩니다. 지수, 즉 수 위에 적혀 있는 조그마한 수가 하나씩 줄어듭니다. 복리 계산은 등비수열과 관계가 있다고 앞에서 말했습니다. 지수법칙이 등비수열에 사용됩니다.

지수는 아래의 수가 몇 번 반복되는지를 표시하는 수입니다. 예를 들어 $(1.09)^3 = 1.09 \times 1.09 \times 1.09$로 1.09를 세 번 곱하라는 뜻입니다. 그리고 위 식에서는 1.09가 공비에 해당됩니다. 공비라는 것은 일정히 곱해지는 수라고 생각하면 됩니다. 이제 마지막 해에 맡긴 50만 원에 대한 원리합계는 50만 원입니다. 말에 맡겼으니 이자가 붙을 리가 없습니다. 은행도 땅 파서 장사하는 것은 아니니까요.

따라서 내가 4년 후에 은행으로부터 받는 총금액은 $(500000+500000(1.09)+500000(1.09)^2+500000(1.09)^3)$원이며 이것을 소수점 아래 첫째 자리에서 반올림하여 계산하면 2,286,565원이 됩니다. 이와 같이 일정한 금액을 매 기간마다 적립하고, 이에 대한 이자를 복리로 계산하여 일정한 기간이 끝난 후에는 약정된 금액이 되도록 적립하는 예금 형태를 정기 적금이라고 합니다. 이때, 내가 매 기간 적립하는 일정한 돈을 적립금이라고 합니다. 약정된 돈은 적립금의 총액이라고 말합니다.

적립금은 매기 초 또는 매기 말에 불입하는 것이 보통입니다. 각 기간의 초에 적립하는 것을 기수불, 각 기간의 말에 적립하는 것을 기말불이라고 합니다. 나는 매기 말에 불입하는 경우를 선택하여 1년에 대한 이자가 없었습니다. 하지만 돈이 생기는 시점을 따져 매기 초에 넣을 수도 있고 말에 넣을 수도 있습니다.

일단 매기 말의 적립금에 대해 정리해 보도록 합니다. 공식부터 살펴봅니다.

이해하기

적립금 총액을 S, 적립 기간을 n, 적립 기간에 대한 이자율을 r, 매기 말의 적립금을 a라 하면

적립금 총액 $S = \dfrac{a\{(1+r)^n - 1\}}{r}$

매기 말의 적립금 $a = \dfrac{Sr}{(1+r)^n - 1}$

매기 말의 적립금 a를 알아내는 것은 어렵지 않습니다. 그리고 따로 외울 이유도 없습니다. 따로 안 외워도 된다면 아주 경제적이라며 스크루지 영감이 환영합니다. 중학교 2학년 때 배우는 등식의 변형을 이용하면 됩니다.

$$S = \underset{\times}{\dfrac{a\{(1+r)^n - 1\}}{r}} \;\Rightarrow\; \underset{\div}{Sr = a\{(1+r)^n - 1\}}$$

$$\Rightarrow \dfrac{Sr}{(1+r)^n - 1} = a \;\Rightarrow\; a = \dfrac{Sr}{(1+r)^n - 1}$$

위처럼 생기는 기말불이 나오는 경우를 그림을 통하여 정리해 보도록 하겠습니다.

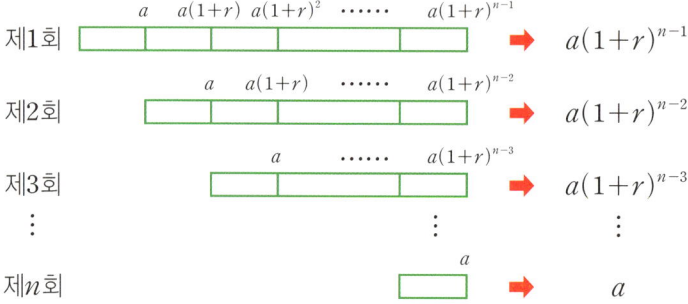

$$\therefore S = a + a(1+r) + a(1+r)^2 + \cdots\cdots + a(1+r)^{n-1}$$
$$= \frac{a\{(1+r)^n - 1\}}{(1+r) - 1} = \frac{a}{r}\{(1+r)^n - 1\} \text{원}$$

사실 위와 같은 공식은 등비수열의 합 공식을 이용하여 나타낼 수도 있습니다. 고등학생이 되면 배우는 등비수열의 합입니다. 나도 이 공식을 못 외운다고 많이 혼났습니다. 우리 아버지가 엄하다는 것을 앞에서 들었지요. 수식 하나라도 틀리면 아버지는 사랑의 매라는 이름으로 빗자루로 나의 등을 때렸습니다. 그래서 등비수열인지도 모르겠습니다. 등에 빗자루로 맞아 외우는 수열, 등비수열!

등비수열의 합은 그 악몽이 되살아날 것 같아 설명 안 하고 넘어가려고 하자 스크루지 영감이, 손주가 이제 고등학교 3학년이라면서 그 공식을 한 번 다루고 가자고 합니다. 구두쇠 영감이 자신의 손자는 끔찍이 생각하나 봅니다. 알았습니다. 등비수열의 합 공식을 보여 주겠습니다.

등비수열의 합 공식

첫째 항이 a, 공비가 r인 등비수열에서 첫째 항부터 제n항까지의 합을 S_n이라 하면

$r \neq 1$일 때, $S_n = \dfrac{a(1-r^n)}{1-r}$ 또는 $S_n = \dfrac{a(r^n-1)}{r-1}$

스크루지 영감이 고마운지 눈물을 흘립니다.

"등비수열의 합 공식을 따로 안 배워서 돈을 번 셈이다."

스크루지 영감의 속셈은 돈의 절약에 있었나 봅니다. 하지만 고등학생들에게 필요한 등비수열의 합 공식입니다.

등비수열의 합 공식 $S_n = \dfrac{a(r^n-1)}{r-1}$과 기말불의 적립금 총액 $S = \dfrac{a\{(1+r)^n - 1\}}{r}$을 비교하여 설명하겠습니다. 이 둘이 어떻게 이용되고 닮았는지 짚고 넘어가겠습니다.

$S = \dfrac{a\{(1+r)^n - 1\}}{r}$ 라는 식이 나오기 전 단계의 식을 앞에서 봤습니다. 다시 그 부분을 끄집어내어 설명하겠습니다.

$$S = \dfrac{a\{(1+r)^n - 1\}}{(1+r) - 1} = \dfrac{a\{(1+r)^n - 1\}}{r}$$

변신하기 전의 모습을 보니 등비수열의 합이 이용되었다는 것을 알 수 있습니다. a는 첫째 항과 원금으로 보면 됩니다. 그리고 등비수열에서 r은 기말불 공식의 $1+r$과 같습니다. 이자 부분에 해당됩니다.

이왕 인심 쓰는 것 고등학교 3학년을 위해 문제 하나 풀어 보겠습니다. 스크루지 영감이 손자고 뭐고 다 필요 없다며 문제 풀이만은 제발 하지 말라고 합니다. 하지만 내 사명감은 그 누구도 막을 수 없습니다. 벌써 문제를 쓰기 시작했습니다.

쏙쏙 문제 풀기

공부하기 싫어하는 학생 하나가 일찍부터 돈을 많이 벌어 보려고 고등학교 1학년 때부터 연이율 8푼의 복리로 매 학기 말에 10만 원씩 적립한다고 합니다. 그러면 고등학교를 졸업할 때의 적금 총액은 얼마일까요? 단, $1.04^6 = 1.265$로 계산합니다.

보통 사람들이 돈을 굴린다고 하면 복리를 생각합니다. 아무튼 공부 열심히 하기 싫은 학생들의 공통점은 돈을 많이 벌겠다는 것입니다. 돈이 멍청합니까? 공부 안 하고 게으른 학생에게 많은 돈이 벌리게요. 이 학생은 어디서 주워들었는지 복리의 위력을 좀 아는 학생인 것 같습니다. 하지만 그 위력을 발휘하기에는 시간이 너무 짧다는 것을 이 학생은 조금 있다가 알게 될 것입니다. 모든 일에는 일정한 시간이 필요합니다. 벼락치기를 한다고 무조건 성적이 오르는 것이 아니듯 말입니다.

자, 풀이 들어갑니다. 여기서 하나 더 이야기하면 반년마다 이율은 4푼이라는 사실입니다. 연이율이 8푼이고 1년에 2학기가 있으므로 8푼의 이율은 1학기로 치면 4푼이 됩니다. 만약 이 사실을 모르고 이율을 8푼으로 계산하면 안 됩니다. 이율은 4푼입니다.

그리고 매학기 말이라고 하였으므로 기말불에 해당합니다. 이자 하나가 빠진다는 소리입니다. 이자를 조금이라도 더 벌기 위해 학기 초에 돈을 넣으면 좋았을 텐데 말입니다.

적립을 시작하여 6학기(3년)를 경과할 때의 원리합계를 S라 하면 다음과 같이 구해집니다.

$$S = 10 + 10(1+0.04) + \cdots + 10(1+0.04)^5$$

위에 조그만 지수가 바로 돈을 굴리는 장본인(?)이라고 볼 수 있습니다. 저런 지수를 보고 사람들은 돈을 굴린다는 말을 만들어 낸 것이 아닐까요.

$$= 10(1 + 1.04 + \cdots + 1.04^5)$$

간만에 수학의 기교를 사용하여 공통된 10을 앞으로 빼냈습니다. 보기에 깔끔하지요. 괄호 안을 보니 지나간 추억의 등비수열의 합 공식이 떠오릅니다. 앞에 쓰여 있으니 참조하세요.

$$= 10 \times \frac{1.04^6 - 1}{1.04 - 1}$$ 등비수열의 합 공식이 여기에 묻어나 있습니다. 10 곱하기 뒷부분입니다

$$= 10 \times \frac{0.265}{0.04}$$

그러다가 갑자기 지수 6이 사라지면서 수들이 바뀌었습니다. 당황하지 마세요. $1.04^6 = 1.265$로 하기로 앞에서 제시했습니

다. 그래서 이렇게 바뀐 것입니다.

$= 10 \times 6.625 = 66.25$원

실제로 받는 적금 총액은 662,500원입니다. 고등학교를 졸업하고 66만 원 정도의 돈으로 무엇을 할 수 있겠습니까? 쓸데없는 생각 하지 말고 공부나 하세요.

이제 좀 유리하다고 하는 기수불, 즉 초에 돈을 넣는 경우를 살펴보기로 합니다.

쏙쏙 문제 풀기

기수불이 돈을 벌기에 좀 유리하다는 이야기를 들은 아까 그 학생이 공부를 다시 포기하고 아르바이트를 하여 번 돈으로 5월부터 9월까지 5개월 동안 매월 초에 6만 원을 은행에 적립하여 돈을 모으려고 합니다. 월이율 0.5%의 복리로 계산한다면 9월 말에 은행에서 받을 수 있는 돈의 총액은 얼마일까요?

매월 초에 돈을 넣으니까 기수불에 해당됩니다. 매월 초에 예금한 금액에 대한 9월 말까지의 원리합계는 다음과 같이 계산할 수 있습니다.

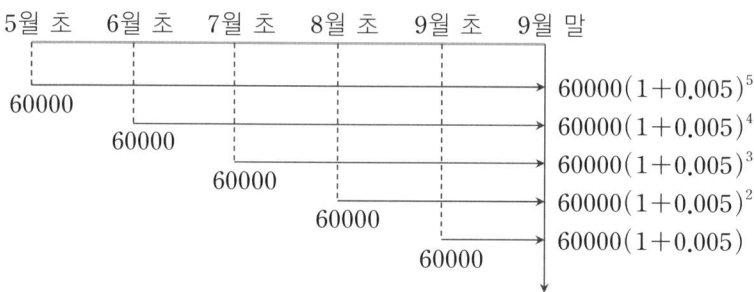

위에서 계산한 매월 초의 원리합계는 매월 말에 적립하는 경우의 원리합계에 $1+0.005$를 곱한 것입니다. 앗, 그런데 왜 0.005가 됐냐고요? 그건 0.5%를 소수로 나타내면 0.005가 되기 때문입니다. 그래서 9월 말에 받을 수 있는 금액의 총액은 다음과 같습니다.

$$60000(1+0.005)+60000(1+0.005)^2+$$
$$\cdots\cdots+60000(1+0.005)^5$$

이것도 계산해 보면 그리 큰돈이 아닙니다. 복리의 비밀에는 시간이라는 요소가 하나 더 들어가야 진정한 위력이 나옵니다. 그래서 공부할 때는 공부를 하도록 하세요.

이제부터 기수불의 공식을 정리해 주겠습니다. 기수불은 각 기간의 초에 적립하는 것을 말합니다.

> **쏙쏙 이해하기**
>
> 원금을 a, 이율을 r, 기간을 n, 원리합계를 S라 할 때
> 기수불의 적립 총액은 $S = \dfrac{a(1+r)\{(1+r)^n - 1\}}{r}$

기말불과 비교해 보면 a의 옆에 $1+r$이 붙어 있다는 것입니다. 잠시 기말불을 불러와 봅니다.

기말불 $S = \dfrac{a\{(1+r)^n - 1\}}{r}$,

기수불 $S = \dfrac{a(1+r)\{(1+r)^n - 1\}}{r}$

둘을 비교해 보니 그 부분만 다르지요. 한 달에 대한 이자가 더 붙어 있다고 보면 됩니다. 그만큼 은행에서 돈을 운용하는 기간이 길어지므로 한 달만큼의 이자를 더 준 셈입니다. 스크루지 영감의 손자를 위해 문제 하나 풀도록 합니다.

쏙쏙 문제 풀기

준하는 출연료 10만 원을 연이율 4%, 1년마다 복리로 계산하는 적금을 들어 매년 초에 10만 원씩 적립하려고 합니다. 10년 후 연말까지의 원리합계 S는 얼마일까요?
단, $1.04^{10}=1.48$로 계산하고 만 원 미만은 반올림합니다. 복리표를 보면 알 수 있습니다.

풀이 들어갑니다. 고등학교 3학년은 시간이 금입니다.

$$S=10(1+0.04)+10(1+0.04)^2+\cdots\cdots+10(1+0.04)^{10}$$
$$=\frac{10\times 1.04(1.04^{10}-1)}{1.04-1}$$
$$=\frac{10.4(1.48-1)}{0.04} \quad {\scriptstyle 1.04^{10}=1.48,\ 복리표\ 참조}$$
$$=124.8\text{만 원}$$

따라서 원리합계는 약 125만 원입니다.

지금까지 돈을 굴리는 복리에 대해 알아보았습니다. 다섯 번째 수업을 마칩니다.

수업정리

❶ 적금이란 일정한 기간마다 은행에 일정한 금액을 적립하는 저금의 형태입니다.

❷ 적립금은 매기 초 또는 매기 말에 불입하는 것이 보통입니다. 각 기간의 초에 적립하는 것을 기수불이라고 하고, 각 기간의 말에 적립하는 것을 기말불이라고 합니다.

❸ 일정한 금액을 매 기간 적립하고, 이에 대한 이자를 복리로 계산하여 일정한 기간이 끝난 후에는 약정된 금액이 되도록 적립하는 예금 형태를 정기 적금이라고 합니다.

❹ **등비수열의 합 공식**

첫째 항이 a, 공비가 r인 등비수열에서 첫째 항부터 제n항까지의 합을 S_n이라 하면

$r \neq 1$일 때, $S_n = \dfrac{a(1-r^n)}{1-r}$ 또는 $S_n = \dfrac{a(r^n-1)}{r-1}$

❺ 기말불 $S = \dfrac{a\{(1+r)^n - 1\}}{r}$,

기수불 $S = \dfrac{a(1+r)\{(1+r)^n - 1\}}{r}$

앨프리드 마셜과 함께하는 쉬는 시간 2

　어렸을 때 받은 세뱃돈을 어머니가 가져가시며 크면 이자를 쳐서 준다고 했던 기억을 하나쯤 가지고 있을 것입니다. 이런 사태를 가지고 단리로 계산할 때와 복리로 계산할 때 반환에 대해 알아봅니다. 물론 어머니의 표정을 살피도록 합니다. 기분이 안 좋은 상태라면 그냥 자기 책상으로 돌아가 공부하도록 합니다.

6교시

연금

연금과 퇴직금 제도에 대해 알아보고, 기수불과 기말불에 따른 연금의 현가도 계산해 봅니다.

수업 목표

1. 연금에 대하여 알아봅니다.
2. 퇴직금 제도에 대한 이야기를 들어 봅니다.
3. 연금의 현가에 대해 알아봅니다.

미리 알면 좋아요

1. **퇴직금** 퇴직하는 사람에게 근무처에서 지급하는 돈.

2. **국민연금** 늙거나 질병, 사망 따위를 당했을 경우에 본인이나 가족의 생활 보장을 위하여 지급되는 연금.

앨프리드 마셜의 여섯 번째 수업

스크루지 영감이 젊은 사람이 돈을 헤프게 쓰는 것을 보고 나무라고 있습니다.

"요즘, 젊은 것들은 자기는 절대 늙지 않는 것처럼 돈을 함부로 낭비해. 쯧쯧."

사람은 나이가 들면서 누구나 철이 들기 시작하고 늙어서 안락하게 보내려고 합니다. 문제는 안락한 노후 생활에 결정적 역할을 하는 것이 바로 돈입니다. 돈이 없으면 노후 생활에 즐거움이 아니라 고통이 따르게 될 뿐입니다. 돈 없이 수명만 길게 연장되면 늘어난 수명만큼 고통이 돌아오게 될지도 모릅니다. 그래서 우리는 돈을 벌기가 힘들어지기 전에 노후 자금을 준비해 두어야 합니다.

일반적으로 회사를 다닌다고 하면 노후를 준비할 수 있는 방법이 세 가지 있습니다. 첫째는 나라에서 관리하고 있는 국민연금입니다. 둘째는 회사를 다니는 사람들에게 퇴직금이라고 불리는 퇴직 연금이 있습니다. 셋째는 개인이 각자 준비하는 개인연금이 있습니다. 우선 국민연금에 대해 알아보도록 합니다.

국민연금은 가입자인 국민이 노령, 장애, 사망 등으로 소득 능력이 상실 또는 감퇴된 경우 본인이나 남겨진 가족에게 일정액의 돈을 지급하여 안정된 생활을 할 수 있도록 하는 소득 보장 제도입니다.

회사에 다니는 아빠는 월 소득의 9%를 연금 보험료로 냅니다. 이 가운데 절반인 4.5%는 아빠가 내고 나머지 절반 4.5%는 회사가 내줍니다. 반면 장사를 하는 친구 아빠는 9%의 연금 보험료를 모두 친구 아빠가 냅니다. 참고로 스크루지 영감도 자기가 국민연금을 100% 다 냈습니다. 여기서 100%로 다 낸다는 말은 월 소득 9%에 해당되는 100%인 것을 말합니다. 수학적으로 잘 생각해 보세요.

하지만 요즘은 국민연금만으로는 안락한 노후를 보장받기 힘들다고 합니다. 그래서 우리는 퇴직 연금에 대해 알아보도록 하겠습니다.

퇴직 연금은 회사에서 제공합니다. 퇴직금 제도란 원래 취약한 사회 보장 제도를 보완하고 회사에 다니는 사람들의 노후 생활을 안정시키기 위해 회사로 하여금 매년 일정한 금액을 적립해 가도록 하는 것을 말합니다. 퇴직금 제도를 규정하고 있는 근로 기준법에 따르면, 회사는 1년 이상 일한 아빠에게 매년 30일 분의 평균 임금을 퇴직금으로 적립하도록 정하고 있습니다.

퇴직 연금은 기본적으로 아빠 회사가 부담하는 연금 제도입니다. 아빠 회사가 아빠의 1년 치 봉급의 12분의 1을 회사 밖의 은행이나 보험사에 계속해서 적립, 운영한 다음에 아빠가 회사를 그만둘 때 되돌려주는 것입니다. 따라서 퇴직 연금은 국민연금처럼 아빠가 매월 받는 월급에서 따로 뗄 필요가 없습니다. 이런 퇴직 연금은 아빠가 직장을 그만둘 때 한꺼번에 목돈으로 받던 퇴직금을 매월 연금으로 쪼개어 받을 수 있도록 한 것이 가장 큰 특징입니다.

  하지만 아빠와 같이 회사를 다니면 누구나 다 자격이 되는 것은 아닙니다. 회사에서 퇴직 연금을 받으려면 회사를 10년 이상 다녀야 합니다. 또 나이가 55세 이상이 되어야 합니다. 이 두 조건을 충족시키지 못하면 무조건 일시금으로 돈을 받습니다. 퇴직에 대한 연금 형식이 되지 못합니다.

이제 장사를 하는 친구 아빠나 스크루지 영감처럼 스스로 준비하는 개인연금에 대해 알아보도록 합니다.

개인연금은 친구 아빠처럼 장사하는 사람이 나이 들었을 때를 대비하여 개인 스스로 준비하는 연금입니다. 국민연금과 퇴직 연금은 모든 일하는 사람의 가입이 법적으로 의무화되어 있지만 개인연금은 본인 의사에 따라 가입해도 좋고 가입하지 않아도 되는 연금 상품입니다.

이러한 개인연금은 은행, 보험사, 자산 운용 회사 등에서 다양한 상품을 팔고 있습니다. 친구 아빠의 취향에 따라 적절히 골라 가입을 하면 됩니다.

준비된 노후를 아름답게 보내기 위한 연금에 대해 알아보았습니다. 이제부터는 연금을 계산해 보도록 하겠습니다.

연금을 타려고 하면 얼마를 넣어야 하느냐가 가장 궁금합니다. 스크루지 영감도 그게 제일 알고 싶은 대목입니다. 얼마를 넣고 얼마를 받느냐가 관심사입니다.

문제 풀기

스크루지 영감이 2027년 초부터 20년 동안 매년 1000만 원씩을 받을 수 있는 연금 보험에 가입한다고 하면 2007년 초부터 20년 동안 매년 초에 얼마씩 돈을 적립해야 할까요? 즉, 스크루지 영감이 매년 납입할 보험료는 얼마인가요?

계산을 해 보도록 합니다. 단, 계산을 돕기 위한 조건을 말하겠습니다. 1년마다 5%의 복리로 $(1.05)^{20}=2.65$로 계산하고, 천 원 단위에서는 반올림을 할 것입니다.

드디어 긴장되는 순간입니다. 돈을 받기 위해 얼마를 넣어야 하는가가 아니라 계산을 해야 한다는 것이 더 긴장됩니다.

보험금을 적립한 횟수와 연금을 받는 횟수가 같다는 것을 이용하여 계산해 보면 됩니다. 2007년 초에 입금한 a원을 2027년 초에 받고, 2008년 초에 입금한 a원을 2028년 초에 받고, 2026년 초에 입금한 a원을 2046년 초에 받는 것과 같습니다. 즉, a원을 20년 동안 예금한 금액이 1000만 원이 되면 됩니다. 그래서 $a(1.05)^{20}=1000$이고 $a≒377$만 원입니다.

매년 377만 원씩 20년간 넣으면 1000만 원의 돈을 20년간

매년 받게 됩니다. 연금에도 복리의 힘이 붙어 있습니다. 복리의 힘은 바로 등비수열의 힘이라고도 볼 수 있습니다.

연금이란 한마디로 일정한 기간 동안 받는 돈의 액수를 말합니다. 보통 직장인들이 직장을 그만두면서 퇴직 연금을 받아서 사업을 하려고 합니다. 이때 사람들이 따지는 것이 바로 연금의 현가입니다.

매년 일정한 금액씩 지급받는 돈이 연금이고, 매년 받을 연금을 일시에 받고자 할 때 그 돈을 연금의 현가현재의 값라고 합니다. 이런 연금의 현가는 어떻게 구할까요? 보기를 들어 설명해 보도록 합니다.

보기

매년 초에 100만 원씩 20년간 받을 연금 증서를 팔려고 합니다. 연이율 5%의 1년마다 복리로 계산할 때 연금의 현가는 얼마인가요? 단, $1.05^{-20}=0.377$로 계산할 것입니다.

매년 초에 받을 연금의 현가를 구하는 공식이 있습니다. 내가 어렵게 하나 장만했습니다. 일단은 공식을 이용하여 풀면서 차차 그 공식이 만들어지는 과정도 알아보겠습니다.

쏙쏙 이해하기

기수불에 대한 연금의 현가 공식

$$M=\frac{a(1+r)}{r}\{1-(1+r)^{-n}\}$$

단, M : 연금의 현가, a : 매년 초 받는 금액, r : 연이율

기수불이란 연초에 돈을 넣는 것을 말합니다. 그렇다면 기말불은 연말에 돈을 넣는다고 보면 되겠지요. 기수불의 현가 공식이 있다는 말은 기말불의 현가 공식도 있다는 소리가 되겠군요. 그렇습니다. 기말불에 대한 현가 공식도 있습니다. 말을 했으니 보여 줄 수밖에 없습니다.

기말불에 대한 연금의 현가 공식

$$M = \frac{a}{r}\{1-(1+r)^{-n}\}$$

단, M : 연금의 현가, a : 매년 초 받는 금액, r : 연이율

같은 회사에서 만든 제품 같지만 $1+r$이 하나 더 곱해 있느냐의 차이가 있습니다. 이 작은 차이가 다른 결과를 가져옵니다.

그럼 앞에서 언급한 보기 문제를 풀어 봅시다.

$$M = \frac{a(1+r)}{r}\{1-(1+r)^{-n}\}$$

이제 이 공식을 가지고 대입이라는 대수술을 할 것입니다. 수

술에 필요한 재료를 보여 줍니다.

a는 20년간 매년 초 받을 금액 100만 원입니다. r은 연이율 0.05, n은 20년을 나타냅니다. 자, 이제 준비된 재료를 식에 넣어 봅니다. 잘못 대입하면 식이 엉망이 되니 신경 써서 넣으세요.

$$M = \frac{100 \times 1.05}{0.05}(1 - 1.05^{-20}) \text{만 원}$$

이것을 원 단위로 계산을 해 봅시다. 계산기를 사용해도 좋습니다. 은행에서도 계산기를 사용하니까요.

연금의 현가는 13,083,000원입니다. 천삼백팔만 삼천 원입니다. 그렇게 큰돈은 아니군요. 공식에 대입하고 계산기를 사용하니 한결 수월해졌습니다.

그럼 이제 고통의 시간, 수행의 시간을 가져 보겠습니다. 연금의 현가 공식이 나오는 장면을 보여 주겠습니다. 정말 고통의 순간이 될 것입니다.

보기를 들어 설명하겠습니다. 스크루지 영감은 잠시 자리를 피합니다. 노약자나 임산부, 어린이는 이 장면이 너무 끔찍할 수도 있습니다.

> **보기**
>
> 올해부터 매년 말에 a원씩 n년 동안 지급되는 연금을 올해 초에 일시불 M원으로 지급받으려고 합니다. 연이율이 r이고 1년마다 복리로 계산할 때, 연금의 현가 M을 구해 봅시다.

a원을 예금하면 n년 후에는 $a(1+r)^n$원을 찾을 수 있습니다. 복리에 대한 원리합계입니다. 원리합계는 안 끼이는 데가 없습니다. 이자 계산에는 기본이 됩니다.

그렇다면, n년 후에 a원을 찾으려면 지금 얼마를 예금하면 될까요? 고학년이 되면서 수학을 잘하려고 하면 문자에 대한 면역성을 길러야 합니다. 문자에 대한 면역성이 길러지면 수학이 한결 편해집니다. 면역이 길러지기 전은 힘이 드니까 그림을 이용하여 설명을 돕겠습니다.

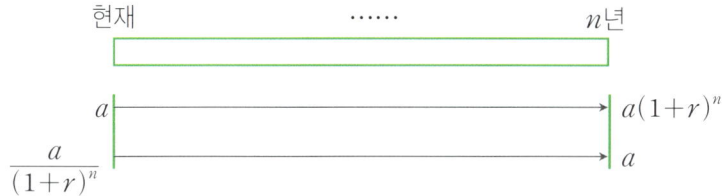

앨프리드 마셜의 여섯 번째 수업 **135**

n년 후의 원리합계는 원금의 $(1+r)^n$배가 되므로, n년 후의 원리합계가 a원이 되는 현재의 원금(현가)은 $\dfrac{a}{(1+r)^n}$원입니다. 지금 우리는 미래와 현재를 넘나들고 있습니다. 점점 힘이 들어가고 있습니다. 하지만 수학의 괴물에 물려 가도 공식만 기억하면 된다는 말이 있습니다. 힘을 내세요, 제발. 본격적인 풀이 들어갑니다.

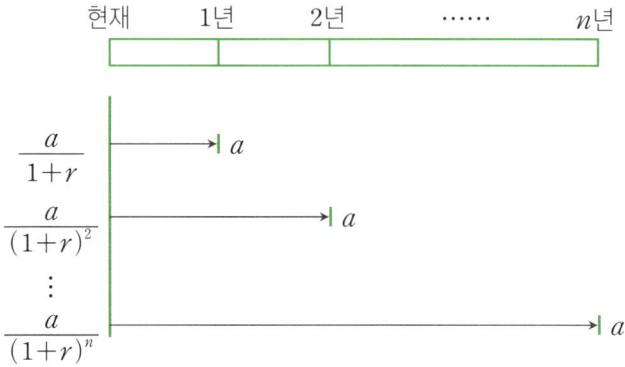

따라서 구하는 현가 M은 다음과 같습니다.

$$M = \dfrac{a}{1+r} + \dfrac{a}{(1+r)^2} + \cdots\cdots + \dfrac{a}{(1+r)^n} = \dfrac{a\left\{1-\left(\dfrac{1}{1+r}\right)^n\right\}}{1-\dfrac{1}{1+r}}$$

현가를 구하기 위한 등비수열의 합이 적용되었습니다. 따라서

$$=\frac{a\left\{1-\frac{1}{(1+r)^n}\right\}}{\frac{r}{1+r}}=\frac{a\{(1+r)^n-1\}}{r(1+r)^{n-1}}원$$

이 됩니다. 참고로 M원에 대한 n년 후의 원리합계와 매년 지급되는 연금의 n년 말의 원리합계는 서로 같습니다.

연금의 현가란 일정 기간에 걸쳐 받을 돈을 한꺼번에 받는 것을 말합니다. 복리 계산법과 등비수열의 합을 이용합니다. 이것은 적금의 원리와 같습니다. 마지막에 받는 돈은 이자가 붙지 않습니다.

아름다운 노후를 준비하기 위한 연금에 대해 알아보았습니다. 당장 필요한 것이 아니라고 생각할 학생도 있을 것입니다. 하지만 미래는 항상 준비한 자의 몫입니다. 스크루지 영감도 이 말에는 공감을 합니다.

수업정리

❶ 기수불에 대한 연금의 현가 공식

$$M = \frac{a(1+r)}{r}\{1-(1+r)^{-n}\}$$

단, M : 연금의 현가, a : 매년 초 받는 금액, r : 연이율

❷ 기말불에 대한 연금의 현가 공식

$$M = \frac{a}{r}\{1-(1+r)^{-n}\}$$

단, M : 연금의 현가, a : 매년 초 받는 금액, r : 연이율

7교시

할부

물건을 할부로 구매한다는 것은 어떤 의미일까요?
할부로 구매할 때의 장단점과 함께 할부금의 계산도 해 봅니다.

수업 목표

1. 할부 판매에 대해 알아봅니다.
2. 월부 상환에 대해 공부합니다.
3. 할부와 등비수열의 합 공식과의 관계를 알아봅니다.

미리 알면 좋아요

1. **소비 금융 활동** 각종 금융 기관이 개인의 소비 생활을 대상으로 하여 행하는 자금의 대부와, 할부에 의한 각종 물품의 판매 제도 따위를 통틀어 이르는 말.

2. **번분수** 분수의 분모나 분자가 분수로 되어 있는 분수.

3. **비례식** 두 개의 비가 같음을 나타내는 식. $a:b=c:d$ 따위가 있습니다.

앨프리드 마셜의 일곱 번째 수업

스크루지 영감이 자신의 아들을 엄청나게 야단치고 있습니다. 스크루지 영감의 아들이 차를 샀습니다. 그것도 외제 차를 샀나 봅니다. 하지만 외제 차를 살 수밖에 없습니다. 그는 외국 사람이니까요. 하하. 그런데 왜 스크루지 영감이 아들에게 화를 내는 것일까요. 차는 필요하면 사도 된다고 했는데 말입니다.

스크루지 영감이 화를 내는 이유는 따로 있습니다. 차를 구입하는 방법에서 우리 짠돌이 스크루지 영감의 화를 돋웠습니다.

차를 할부로 구입했기 때문입니다. 할부로 구입하면 스크루지 영감이 싫어하는 이자를 많이 내야 하기 때문입니다. 물건을 할부로 사면 할부 이자라는 것이 있습니다. 스크루지 영감은 상당한 부자이지만 돈을 한 푼이라도 헛되게 쓰는 것을 목숨처럼 아깝게 여깁니다. 구두가 닳는 것이 싫어 추운 겨울에 열전도율이 높은 쇠 구두를 신고 다닙니다. 그래서 그의 별명은 구두쇠(?)입니다.

이제부터는 할부에 대해 알아보도록 합니다. 일반적으로 상품이나 서비스를 구입할 때 물건의 구입 가격을 분할하여 매월 지급하는 방법을 **할부**라고 합니다.

할부 판매에는 일부, 연부도 있지만 보통 매달 돈을 지급하므로 할부라 하면 주로 월부라고 생각합니다. 큰돈이 없는 직장인들은 이자를 물더라도 할부로 물건을 많이 구입합니다. 그리고 매달 봉급일에 맞추어 대금을 갚아 나가므로 월부 형태인 할부가 많은 것입니다.

상품의 소매를 원활히 하기 위한 방법으로 할부제를 많이 이용합니다. 이것은 판매 전략의 하나로 생겨났다고 할 수 있습니다. 상품을 주고 대금 일부의 지급을 연기해 주는 것입니다. 적당한 기간에 맞추어 분할해 지급하도록 합니다. 파는 사람 입장에서는 물건을 팔아서 좋고 사는 사람 입장에서는 적은 돈으로 조금씩 물건값을 지급할 수 있어서 좋습니다.

하지만 스크루지 영감이 화를 낸 이유는 할부제에 의해 이자를 물게 되는 점을 우려한 것입니다. 월부 판매는 단지 판매 활동만 하는 것이 아니라 소비 금융 활동까지 포함됩니다. 할부 이자라는 또 다른 형태의 소비 금융이 생겨나기 때문입니다.

이러한 판매 형식은 유럽과 미국에서 먼저 발달하였습니다. 봉급생활자가 많이 생기고 물건의 대량 생산이 맞물려 할부제의 발달을 가져오게 된 것입니다. 생산자는 물건을 많이 팔아야 하겠고, 목돈이 없는 봉급생활자는 물건을 구입하고 싶은 데서 생겨난 제도입니다.

이 판매 방식은 미국에서 가장 발달하였습니다. 이 방식이 적극적으로 사용된 이유는 제1차 세계 대전 후의 세계적 불황기 때문입니다. 불황을 극복하기 위한 방편으로 월부 판매가 시작되었다고 하기도 합니다.

월부 판매의 대상이 되는 상품은 원칙적으로 사치품보다는 필수품이었습니다. 요즘은 기준이 모호하지만 현금 판매에는 부적당한 고가품입니다. 실제 할부의 주종을 이루는 것은 텔레비전, 냉장고, 세탁기, 진공청소기 등이 있고 의사들이 사용하는 고가의 의료 장비가 있습니다.

할부에도 장단점은 있습니다. 할부로 물건을 사면 목돈이 들지 않지만 할부 이자가 들어가는 단점도 있습니다. 세상일에는 항상 장점과 단점이 있습니다. 이런 장단점을 잘 활용하기 위해서 할부 계산을 잘할 수 있어야겠습니다. 할부 계산을 도와주는 것이 바로 수학의 힘입니다. 수학의 힘이라는 말에 스크루지 영감은 몸에서 힘이 빠져나간다고 합니다. 할부 이자를 잘 따져 보기 위해서라도 꼭 배워야 한다고 말하니 스크루지 영감은 힘이 재충전된다고 합니다.

오락을 하면 본격적인 게임에 들어가기 전에 무기를 구입하거나 에너지를 충전하는 등 준비하는 장면이 있습니다. 그래서 우리도 본격적인 게임, 즉 할부금 계산에 돌입하기 전에 에너지 충전 차원에서 할부금에 대한 이야기를 다시 정리해 보고 시작하도록 합니다.

할부금

물품을 구입하고 그 대금을 상환하는 경우나 부채를 상환하는 경우에는 이자와 원금의 일부를 포함한 일정 금액을 일정 기간마다 상환합니다. 이를 할부 상환이라 하고 매기의 상환액을 할부금이라고 합니다.

할부금은 그 상환 기간에 따라 월부금, 연부금 등으로 말하고 월 상환 이율, 연 상환 이율에 의하여 복리로 계산합니다. 복리는 안 끼이는 곳이 없는 것 같습니다. 복리와 함께 등장하는 것이 바로 등비수열의 합입니다. 그들은 이자 계산의 듀엣입니다. 그럼 이런 월부 상환은 어떻게 구할까요?

앞에서 이야기했듯이 정한 기간에 정해진 금액을 일정한 기간마다 일정한 금액씩 지급하여 빚을 갚는 것을 상환이라고 합니다. 그리고 상환에는 일정한 지급 기간에 따라 1년의 기간으로 지급하는 연부 상환이런 경우는 흔하지 않아요, 1개월의 기간으로 지급하는 월부 상환이게 제일 많아요이 있습니다. 보기를 들어 설명하도록 하겠습니다.

> **보기**
>
> 어느 해 초에 M원을 빌려 쓰고 그해 말부터 매년 말에 a원씩 연이율 r, 1년마다의 복리로 n년간에 모두 갚으려고 할 때 연부금 a원을 구해 봅니다. 연부금은 흔하지 않아 일반인보다 회사 같은 곳에서 많이 활용하나 봅니다.

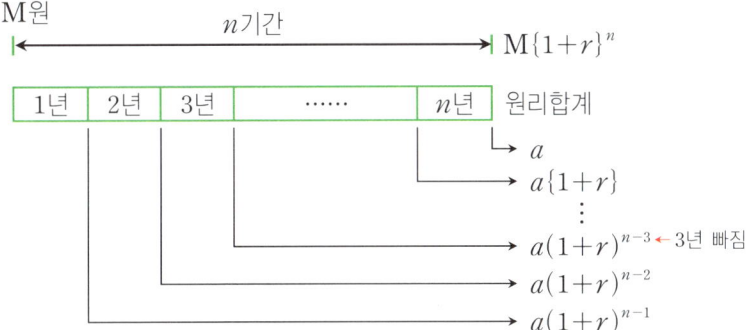

그림을 잘 보며 연부금 a를 구해 보면 다음과 같습니다.

$$a+a(1+r)+a(1+r)^2+\cdots\cdots+a(1+r)^{n-1}=M(1+r)^n$$

각각 다 더한 값이 n기간 동안의 원리합계와 같아야 됩니다. 당연한 이야기지만 문제로 등장하면 그런 이치가 잘 떠오르지 않을 것입니다.

왼쪽, 즉 좌변을 보면 뭔가 떠오르는 것이 있어야 합니다. 뭐가 떠오르느냐고요? 해가 아니라 등비수열의 합 공식이 떠올라야 합니다. 마치 태양이 떠오르듯이 말입니다.

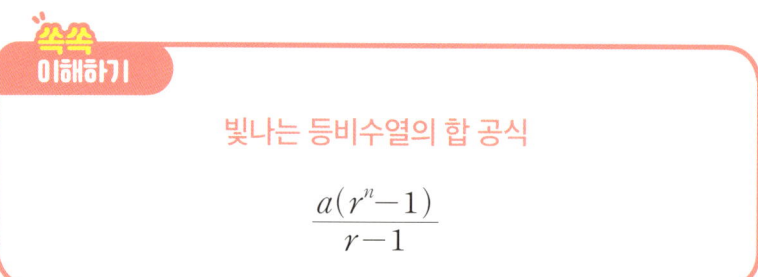

빛나는 등비수열의 합 공식

$$\frac{a(r^n-1)}{r-1}$$

a는 원금, 여기서는 연부금입니다. r은 공비, 여기서는 이자입니다. 빛나는 등비수열의 합 공식을 이용하여 $a+a(1+r)+$

$a(1+r)^2 + \cdots\cdots + a(1+r)^{n-1}$을 정리하여 보겠습니다. 일단 매년 말에 갚아 나가니까 a는 이자 하나가 빠진 a 그대로 써 주면 됩니다. 그리고 공식에서 r에 해당되는 부분은 $r+1$로 해야 합니다. 원금에 대한 이자라는 뜻으로 보면 됩니다.

그럼 위 공식에 우리가 알고자 하는 부분을 대신 넣어 모양을 다시 만들겠습니다. 별것 없습니다. r 대신에 $r+1$을 넣으면 끝이니까요.

$$\frac{a\{(r+1)^n - 1\}}{r+1-1} = \frac{a\{(r+1)^n - 1\}}{r}$$ 분모 지역은 계산해 줍니다

정리된 모습을 사용하겠습니다. 정리된 모습과 $M(1+r)^n$이 같으면 됩니다. 그때 우리는 식의 변형을 통해 그리도 찾기를 원했던 a를 찾게 됩니다. 식을 보여 주고 극적인 상봉 모습을 보도록 합니다.

$$\frac{a\{(r+1)^n - 1\}}{r} = M(1+r)^n$$

처음에 둘이 만났을 때는 복잡한 식으로 인해 팽팽한 긴장감

이 등호를 사이에 두고 일어나고 있습니다.

중학교 1학년 때 등식의 변형을 제대로 공부한 학생이라면 별로 어렵지 않게 식을 정리할 수 있습니다. 하지만 아직 등식의 변형이라는 단맛을 알지 못하는 학생들을 위해 내가 차근차근 정리해 주겠습니다.

우리가 찾아야 할 a가 어디 있나요? 좌변의 왼쪽 위에 딱 달라붙어 있지요. 일단 a가 붙어 있는 분자 지역은 그냥 두고 그 아래서 힘겹게 분자를 받치고 있는 r을 해방시키는 의미에서 우변으로 보내어 곱해 줍니다.

$$a\{(r+1)^n-1\}=Mr(1+r)^n$$

좌변 분모 지역의 r이 어디로 간 것일까요? 우변으로 간 것은 확실합니다. 아! 항 M 뒤에 숨어 있는 r이 바로 좌변에서 온 r이군요. 이제 거의 다 끝이 났다고 해도 과언이 아닙니다.

a에 곱해져 있는 $\{(r+1)^n-1\}$을 우변으로 보내기만 하면 됩니다. 곱해져 있는 것을 우변으로 보내는 것은 우변의 분모로 보낸다는 것입니다. 이게 바로 등식의 성질을 이용한 것입

니다. 일단 모양을 보고 이야기를 더 하도록 하겠습니다.

$$a = \frac{Mr(1+r)^n}{(r+1)^n - 1}$$

이때 갑자기 입을 다물고 있던 스크루지 영감이 반박합니다.

"왜 앞에 나왔던 식 $a + a(1+r) + a(1+r)^2 + \cdots\cdots + a(1+r)^{n-1}$이 $\dfrac{a\{(r+1)^n - 1\}}{r}$로 되지?"

이건 아까 등비수열의 합 공식을 이용하여 설명했잖습니까?

"그게 아니라 왜 지수 부분의 $n-1$이 n으로 바뀌었냐는 것이 궁금해."

계산 다 하고 갑자기 물어보니 적지 않게 당황이 되는군요. 하긴 이 부분을 많은 학생이 물어 오기는 합니다. 다시 등비수열의 합 공식을 살펴봅니다. 그래픽 처리로 공식 보여 주세요.

$$\frac{a(r^n - 1)}{r - 1}$$

분자 지역의 r 위에 있는 n은 항의 개수를 말합니다. 항의 개수라는 것을 이해하면 그 의문이 풀릴 것입니다.

$$a + a(1+r) + a(1+r)^2 + \cdots\cdots + a(1+r)^{n-1}$$

여기서 끝항의 지수는 $n-1$이지만 앞에 a가 하나 더 있으므로 전체 항의 개수는 $n-1$에 1이 더해져서 n개가 됩니다. 그리하여 $\dfrac{a\{(r+1)^n-1\}}{r}$ 식의 $r+1$ 위에 n이 적혀 있는 것입니다. 이쯤에서 우리는 실전 게임을 하지 않을 수 없습니다. 아무리 열심히 이론을 익혀도 실전에서 쓰이지 못한다면 그 이론은 무용지물입니다. 스크루지 영감은 내가 뭘 하려는지 짐작을 했나 봅니다. 얼굴빛이 좋지 않습니다. 하하하. 문제 하나 나갑니다. 월부 상환에 대한 문제입니다. 다음을 잘 읽고 생각해 봅니다.

> **쏙쏙 문제 풀기**
>
> 지난달 나는 80만 원짜리 휴대전화를 샀습니다. 현금 30만 원을 지급하고 나머지는 매월 말에 일정한 금액씩 6개월 동안에 지급하기로 했습니다. 매월 얼마씩 지급해야 할까요?

월이율은 1푼이고 1개월마다 복리로 하기로 했습니다. 100원

미만은 올려서 셈하기로 합니다. 단, $1.01^6 ≒ 1.062$로 합니다. 복리표를 참고했거든요. 이때 우리가 앞에서 배운 공식을 써먹을 수 있습니다.

어느 달 초에 M원을 빌려 쓰고 그달 말부터 매달 말에 a원씩 월이율 r, 1개월마다의 복리로 갚아 n개월 동안에 모두 갚으려고 할 때 월부금 a는 다음 원리에 의하여 구할 수 있습니다.

$$a+a(1+r)+a(1+r)^2+\cdots\cdots+a(1+r)^{n-1}=M(1+r)^n$$

이때 $a=\dfrac{Mr(1+r)^n}{(r+1)^n-1}$ 입니다. 위 공식이 만들어지는 과정을 잘 생각하여 풀이하도록 합니다.

50만 원을 6개월간 예금했다고 합시다. 그러면 원리합계 M_1은 $5×10^5×(1.01)^6$원입니다. 스크루지 영감이 $5×10^5$이 뭔지 물어 봅니다. 80만 원에서 30만 원을 뺀 금액이라고 하니까 스크루지 영감이 말합니다.

"그럼 50만 원을 말하는 것이구먼. 이 사람아, 그럼 50만 원을 500,000원이라고 쓰면 될 것을 왜 $5×10^5$으로 써서 이 늙은이를 혼란스럽게 해!"

한국의 문제집에 50만 원을 이렇게 표현한 것이 많아서 살짝 흉내를 내 보았는데 헷갈렸다면 미안해요. 매월 말에 a원씩 6회 지급할 때의 원리합계 M_2는 다음과 같이 계산합니다.

$$M_2 = a(1+0.01)^5 + a(1+0.01)^4 + \cdots\cdots + a$$
$$= \frac{a\{(1.01)^6 - 1\}}{1.01 - 1} = a\{(1.01)^6 - 1\} \times 100$$

이때 스크루지 영감이 또 반박합니다. 예상했습니다.

$$\frac{a\{(1.01)^6 - 1\}}{1.01 - 1} = a\{(1.01)^6 - 1\} \times 100$$

이 부분 맞지요.

"알면서 왜 물어? 미리 잘 설명하지."

좌변의 분모 $1.01 - 1$을 잘 봅니다. $1.01 - 1$을 계산하면 0.01이 됩니다.

$$\frac{a\{(1.01)^6 - 1\}}{0.01} = \frac{a\{(1.01)^6 - 1\}}{\frac{1}{100}}$$

0.01을 분수 $\frac{1}{100}$로 고쳤습니다. 그리고 번분수 계산을 통해서 100이 분자로 가서 곱해집니다. 번분수 계산은 여러분이 인터넷 검색을 통해서 알아도 좋습니다.

"이왕 하는 거 다 해 주면 어디가 덧나나."

알겠습니다. 번분수 계산에 대해 잠시 알아보고 가도록 합니다. 하지만 이야기의 맥을 끊어서는 안 되니까 풀이는 계속하겠습니다.

$$M_1 = M_2 \text{이므로 } a = 500000 \times \frac{(1.01)^6}{(1.01)^6 - 1} ≒ 85645$$

여기서 100원 미만을 올려 계산하면 $a = 85700$원입니다. 이런 계산이 싫은 학생은 공식을 암기하여 공식에 대입하면 됩니다. 공식은 $a = \frac{Mr(1+r)^n}{(r+1)^n - 1}$인 거 알고 있지요. 이번 수업을 마치겠습니다.

"늙은이를 지금까지 기다리게 해 놓고 그냥 수업을 마친다고?"

아, 미안합니다. 번분수에 대해 알아보기로 했지요.

번분수는 중분수라고도 합니다. 분모와 분자가 분수로 되어 있는 복잡한 분수를 말합니다. 예를 들면 $\frac{\frac{1}{2}}{\frac{3}{4}}$ 같은 모양입니다.

분모만 분수가 아닐 수도 있고 분자만 분수가 아닐 수도 있습니다. 아무튼 이런 종족을 모두 번분수라고 합니다.

$\dfrac{\frac{1}{2}}{\frac{3}{4}}$ 이런 키다리 같은 모양을 반으로 뚝 잘라서 계산할 수도 있습니다. $\dfrac{1}{2} \div \dfrac{3}{4}$으로 말입니다. 분자와 분모는 서로 나누기의 성질을 띠면 분수가 되기 때문입니다. 일단 계산을 해 봅니다.

$$\dfrac{1}{2} \div \dfrac{3}{4} = \dfrac{1}{2} \times \dfrac{4}{3} = \dfrac{4}{6} = \dfrac{2}{3}$$

답은 그냥 분수가 나와서 다행입니다. 이것을 내항은 내항끼리 곱하고 외항은 외항끼리 곱하는 비례식의 성질을 이용하여 풀 수도 있습니다. 번분수에서 내항에 해당되는 것은 분자의 분모와 분모의 분자입니다. 외항은 그 반대 경우이겠지요. 그렇게 계산하여도 똑같은 결과를 가져옵니다. 안쪽이 분모를 만들고 바깥쪽이 분자를 만듭니다. 번분수에서 배운 것을 바로 써먹도록 합니다. 아까 그 문제를 다시 불러 봅니다. 이리 와!

$$\dfrac{a\{(1.01)^6 - 1\}}{\dfrac{1}{100}}$$

분자만 보면 분자 지역은 분수 모양이 아닙니다. 앞에서 이야기했듯이 분자와 분모 중 하나만 분수 모양이어도 번분수입니다. $a\{(1.01)^6-1\} \div \dfrac{1}{100}$로 만들 수 있지요. 앞에서 배운 대로 하고 있습니다. 그다음은 나누기를 곱하기로 고쳐서 역수를 계산합니다.

$$a\{(1.01)^6-1\} \times \dfrac{100}{1} = a\{(1.01)^6-1\} \times 100$$

그래서 최종적으로 다음과 같은 결과가 나옵니다.

$$\dfrac{a\{(1.01)^6-1\}}{1.01-1} = a\{(1.01)^6-1\} \times 100$$

스크루지 영감이 아들을 나무란 이유는 할부 이자가 복리로 적용되기 때문이었던 것 같습니다.

다음은 잘못 쓰면 독이 되는 신용 카드 이야기입니다. 신용 카드에 적용되는 이자도 만만치 않습니다. 다음 수업에서 알아보도록 합니다.

수업정리

❶ 할부금

물품을 구입하고 그 대금을 상환하는 경우나 부채를 상환하는 경우에는 이자와 원금의 일부를 포함한 일정 금액을 일정 기간마다 상환합니다. 이를 할부 상환이라 하고 매기의 상환액을 할부금이라고 합니다.

❷ M원을 빌려 쓰고 그달 말부터 매달 말에 a원씩 월이율 r, 1개월마다 복리로 갚아 n개월 동안에 모두 갚으려고 할 때 월부금 a는 다음 원리에 의하여 구할 수 있습니다.

$a+a(1+r)+a(1+r)^2+\cdots\cdots+a(1+r)^{n-1}=M(1+r)^n$

이때, 공식은 $a=\dfrac{Mr(1+r)^n}{(r+1)^n-1}$ 입니다.

… 8교시

신용 카드

신용 카드의 기능을 알아보고
연체료, 할부금 등을 계산해 봅니다.

수업 목표

1. 신용 카드에 대해 알아봅니다.
2. 신용 카드의 바른 사용법을 배워 봅니다.

미리 알면 좋아요

1. **연체료** 기한 안에 이행하여야 할 채무나 납세 따위를 지체하였을 때 밀린 날짜에 따라 더 내는 돈.

2. **공제** 받을 몫에서 일정한 금액이나 수량을 뺌.

앨프리드 마셜의 여덟 번째 수업

내가 물건을 사고 값을 카드로 지급하려고 합니다. 이때 종업원이 말하기를, "카드는 몇 개월로 할까요?"라고 해서 3개월로 해 달라고 하자 스크루지 영감이 화를 내면서 할부를 하려면 5개월로 하라고 나를 나무랍니다.

"어떻게 경제학자인 사람이 카드 소비를 하면서 아무 생각 없이 하나?"

스크루지 영감에게 혼이 났습니다. 왜 혼이 났는지 아직은 잘 모르겠습니다. 그래서 이번 수업에서는 신용 카드에 대해 알아보겠습니다. 신용 카드에 대해 배우다 보면 스크루지 영감이 왜 화를 냈는지 알게 될 것입니다.

요즘 신용 카드를 이용하는 것은 아주 보편적인 일입니다. 지갑에 신용 카드 한 장 없는 사람이 없을 정도입니다. 신용 카드는 물건을 살 때도 쓰이지만 현금이 갑자기 필요할 때 신용 카드를 이용하여 현금 서비스를 받을 수 있습니다. 현금 서비스란 현금을 빌리는 것을 말합니다. 물건을 할부로 구입하여 대금을 후불하는 등 신용 카드를 이용하면 경제 활동에 여러 가지 편리함을 가져옵니다.

신용 카드를 살펴보면 앞면에는 카드 이름, 개인 카드 번호, 이름과 유효 기간 등이 적혀 있습니다. 뒷면에는 개인의 서명란과 카드 사용 시에 유의해야 할 사항, 카드를 발급한 회사명이 적혀 있습니다.

신용 카드 사용자는 자신의 비밀번호가 타인에게 노출되지 않도록 해야 합니다. 카드를 이용하여 돈을 인출할 때 비밀번호를 사용하기 때문입니다. 그리고 카드 뒷면에 있는 본인의 서명란에는 자기의 서명을 명확히 해야 합니다. 보통 물건을 살 때 서명으로 자신임을 확인합니다.

　신용 카드 회사에서는 일정 기간 동안 개인이 사용한 내역을 우편으로 보내는데 이 내역서의 뒤를 보면 이용 기간별 결제일이 있습니다.

결제일	5일	12일	23일	27일
이용 기간	전전월 13일 ~ 전월 12일	전전월 20일 ~ 전월 19일	전월 1일 ~ 전월 말일	전월 5일 ~ 당월 4일

　위의 표는 어떤 카드 회사의 이용 기간별 결제일에 대한 약관입니다. 예를 들어 이 카드 회사의 회원 결제일이 12일이라면 전전월 20일에서 전월 19일까지 이용한 금액을 이번 달 12일에 납부해야 합니다. 납부를 결제라고 말하기도 합니다.

　신용 카드는 편리한 점이 많습니다. 하지만 모든 일이 다 그렇듯이 결제해야 할 날짜에 돈을 납부하지 못하면 연체료를 물게 됩니다. 만화 대여점에 만화책을 늦게 반납해도 연체료를 뭅니다. 신용 카드는 연체료가 제법 비싼 축에 들어갑니다. 카드 연체료에 대해 알아보도록 합니다.

　결제일까지 대금을 납부하지 못할 경우 연체료를 물게 되는

데 연체료는

(결제할 금액) × (연체율) × (기산일)

로 계산합니다.

이때, 연체율은 각 카드 회사의 약관에 따르며 기산일은 결제하기로 한 날의 다음 날부터 실제로 결제한 날까지의 일수입니다.

스크루지 영감의 아들이 사용하는 카드 회사의 약관은 다음과 같습니다. 실제로 스크루지 영감의 아들이 연체를 한 적이 있습니다. 스크루지 영감에게 엄청나게 혼이 났습니다. 그 예를 들려고 합니다. 일단은 그 카드 회사의 약관을 봅니다.

카드 회사의 연체료 적용 기준

- 연체율 : 연 27%
- 기산일 : 결제일 다음 날부터 결제한 날까지

이때, 스크루지 영감의 아들은 신용 카드로 200,000원을 쓰고 대금 결제일 23일을 넘겨 29일에 냈습니다. 연체료는 얼마를 물었을까요? 단, 소수점 아래 첫째 자리에서 반올림합니다.

대금 결제일인 23일을 넘겨 29일에 돈을 냈으므로 기산일은 6일입니다. 그래서

$$(결제할\ 금액) \times (연체율) \times (기산일)$$
$$= 200000 \times \frac{27}{100} \times \frac{6}{365} ≒ 888원$$

입니다. 연체율을 분수 형태로 만들었습니다. 그리고 기산일에 1년인 365일을 나누어 곱합니다.

스크루지 영감은 연체료 888원을 물었다고 아들을 아주 혼냈다고 합니다. 과연 구두쇠 영감답습니다. 그리고 888이라는 숫자 때문에 더욱 혼이 났습니다. 8은 중국에서는 부자의 상징을 나타내는 수이기 때문입니다. 스크루지 영감은 중국 사람은 아니지만 미신을 믿는 경향이 있습니다. 서양인치고는 독특한 사고를 가진 영감입니다.

신용 카드의 기능으로 현금 서비스 기능이 있습니다. 현금이 갑자기 필요한 경우에 신용 카드로 현금 서비스를 받을 수 있는데, 이때 빌린 금액의 이자에 해당하는 수수료를 물어야 합니다. 세상에 공짜는 없는 법입니다.

그래도 친구들에게 아쉬운 소리를 해서 돈을 빌리는 것보다 마음이 편할 때도 있습니다. 하지만 우리를 떨게 만드는 수수료가 있습니다. 수수료는 (현금 서비스 이용 금액) × (수수료율)로 계산합니다. 수수료율은 각 카드 회사의 약관에 따를 수밖에 없습니다. 여러분에게 수수료율을 좀 더 설명하고자 한 은행에서 신용 카드를 이용하여 현금 서비스를 받아 보도록 하겠습니다.

그 은행의 현금 서비스에 대한 수수료율은 다음과 같습니다.

이용 기간	수수료율
39 ~ 41일	2.7%
42 ~ 44일	2.9%
45 ~ 47일	3.1%

※16일 이하 사용 시에 연 20%의 수수료율을 적용합니다.

자, 그래서 내가 이 은행으로부터 현금 서비스로 200만 원을 빌렸습니다. 5일간 돈을 사용하고 갚는다면 수수료가 얼마나 될까요? 위 표의 하단에 보면 16일 이하 사용 시에는 연 20%의 수수료율을 적용한다고 하니 그 기준으로 계산해 보겠습니다.

$$2000000 \times \frac{20}{100} \times \frac{5}{365} = 5479원$$

5,479원이 수수료입니다. 와! 200만 원을 빌리고 5일 동안 사

용한 수수료가 5천 원 이상입니다. 그럼 이번에는 40일 동안 돈을 빌려 사용한 수수료를 알아보겠습니다.

$$2000000 \times \frac{2.7}{100} = 54000원$$

표를 보니 40일 동안은 2.7%의 수수료율에 해당합니다. 그래서 계산해 보면 54,000원의 사용 수수료가 나옵니다.

이제는 신용 카드의 주특기인 할부 신용 구매에 대해 알아보도록 합니다. 신용 카드를 이용해 물건을 사고, 일정 기간마다 물건값을 나누어 낼 수 있는데 이를 할부 신용 구매라고 합니다. 아주 편리하지요. 돈이 당장 없어도 물건을 살 수 있으니까요. 여러 사람을 신용 불량자로 만들기도 한 장본인입니다. 그래서 나는 할부 신용 구매를 은행 창구 구석에서 무릎 꿇리고 벌을 주려고 합니다.

하지만 벌을 준다고 능사는 아닙니다. 이 녀석의 특징을 잘 알아야 당하지 않습니다. 녀석을 알아봅니다.

할부 신용 구매 대금은 월별로 청구됩니다. 월 청구액은 (월 납입액)+(할부 수수료)로 계산을 합니다. 그리고 월 납입액은

(할부 신용 구매 대금)÷(할부 기간)으로, 할부 수수료는 (대금 잔액)×(할부 수수료율)×$\frac{1}{12}$로 계산을 합니다.

할부 신용 구매한 대금은 결제 일자와 신용 카드를 이용한 날짜에 따라 청구되며 할부 수수료율은 각 카드 회사의 약관에 따릅니다.

아래의 [표 ①]과 [표 ②]는 어떤 카드 회사에서 사용하고 있는 약관입니다. 약관을 한번 살펴보도록 합니다.

[표 ①] 이용 대금 청구 시기

결제 일자	청구 대상
매월 5일	전전월 13일 ~ 전월 12일 기간 중 이용액
매월 12일	전전월 20일 ~ 전월 19일 기간 중 이용액
매월 23일	전월 1일 ~ 전월 말일 기간 중 이용액
매월 27일	전월 5일 ~ 당월 4일 기간 중 이용액

[표 ②] 할부 수수료율

할부 기간	수수료율
2개월	연 13.5%
3 ~ 5개월	연 14.0%
6 ~ 9개월	연 15.5%

어제 스크루지 영감의 아들은 어버이날 스크루지 영감에게 냉장고를 사 주기 위해 가전제품 대리점에 갔습니다. 120만 원짜리 냉장고를 사면서 현금으로 60만 원을 먼저 지급하고 나머지 60만 원은 신용 카드를 이용하여 3개월 할부로 지급하기로 했습니다. 매월 청구액은 얼마인지 알아보겠습니다. 카드 회사

의 약관은 위 [표 ①]과 [표 ②]를 따르고, 카드 결제일은 매월 12일입니다. 단, 원 미만은 버리겠습니다. 스크루지 영감에게는 이 사실을 말하지 않았습니다.

월 납입액은 60만 원 나누기 3개월로 1개월에 20만 원이고 할부 수수료는 다음과 같이 계산합니다.

6월 12일 : $400000 \times \frac{14}{100} \times \frac{1}{12} = 4666$원

7월 12일 : $200000 \times \frac{14}{100} \times \frac{1}{12} = 2333$원

따라서 월 청구액은 다음과 같습니다.

6월 12일 : $200000 + 4666 = 204666$원

7월 12일 : $200000 + 2333 = 202333$원

8월 12일 : 200000원

이때 스크루지 영감이 들이닥쳤습니다. 내역서를 보고 스크루지 영감이 아들을 마구 혼냅니다. 카드 수수료가 아깝다면서. 내가 나서서 어버이날이라고 아들이 선물한 것을 그런 식으

로 나무라면 안 된다고 말렸습니다. 스크루지 영감이 부자로 사는 이유가 있는 것 같습니다. 그렇지만 마음이 부자인 것 같지는 않습니다.

이번 시간을 끝으로 수업을 마치려고 하니까 스크루지 영감이 올바른 카드 사용에 대해 한마디 하겠다고 합니다. 그의 말을 끝으로 우리 수업을 마무리하겠습니다.

신용 카드 사용 노하우

신용 카드를 현명하게 사용하는 것도 재테크입니다.

첫 번째, 고가품은 일시불로 구입하는 것이 유리합니다.

할부 구입의 경우는 은행 예금 이자의 3~4배에 이르는 수수료를 내야 하지만, 일시불 구입은 수수료가 전혀 없이 대금의 결제만 뒤로 미뤄집니다. 현금이 있어도 카드를 활용하는 것이 유리하다고 볼 수 있습니다. 많은 돈은 아니겠지만, 결제일까지 은행 잔고로 예치해 두면 이자를 받을 수 있고, 또 근로소득자의 경우는 연말 정산도 받을 수 있기 때문입니다. 일시불로 카드를 사용할 경우에는 이용 기간이 새로 시작되는 날 구입하는 것이 대금 결제를 최대로 미룰 수 있는 방법이기도 합니다.

두 번째, 급전급하게 쓸 돈으로 현금 서비스를 사용했다면 돈이 생겼을 때 미리 갚습니다.

현금 서비스의 이자는 정말 막대합니다. 만약, K카드사의 현금 서비스를 한 달간 이용했다고 가정하면 1.85%의 이자를 물게 됩니다. 이것을 연이율로 환산하면 무려 22%가 넘는 것입니다. 반면 20일 이내로 결제하게 되면 0.04~0.8%까지 차등 계산되어 이에 비해서는 싼 편입니다.

통상적으로, 현금 서비스를 받은 지 약 19일에서 20일이 지난 시점에는 수수료율이 1% 정도며 그로부터 10일 이후의 수수료율은 평균적으로 1%가 증가합니다. 따라서 돈이 있다면 눈덩이처럼 불어나는 이자를 보고만 있지 말고 빨리 갚는 것이 유리합니다.

세 번째, 연말 정산에 적극 활용합니다.

연말 정산의 대상이 되는 카드는 일반 신용 카들르 포함한 백화점 카드와 체크 카드, 선불 카드, 직불 카드가 있습니다. 2025년 기준, 공제 한도는 연간 총급여액의 25%를 초과하는 금액에 적용되며 신용 카드 공제율은 사용액의 15%입니다. 예를 들어 연

소득이 3천만 원인 근로자가 한 해 동안 사용한 신용 카드 금액이 800만 원이라고 가정해 보겠습니다. 이때 3천만 원의 25%는 750만 원이고 이 금액을 초과하는 사용액인 50만 원의 15%를 공제받을 수 있습니다. 따라서 7만 5천 원을 돌려받게 됩니다.

네 번째, 무료 서비스와 할인 혜택을 120% 활용합니다.

요즘은 자신이 사용하고 있는 신용 카드에 어떤 혜택이 늘어나고 있는지도 모를 정도로 각 신용 카드사에서 회원을 위한 각종 부가 서비스를 강화하고 있습니다. 카드사마다 회원을 유치하려고 소비자에게 미끼를 던지는 것입니다. 이런 부가 서비스를 잘만 이용하면 한 달에 몇만 원도 거뜬히 절약할 수 있습니다. 요즘 흔히 이용하는 것이 영화 할인이나 놀이공원 무료 입장 서비스인데, 이런 혜택은 1년에 한 번만 이용해도 만 원 이상을 버는 셈입니다.

스크루지 영감이 신용 카드 활용법을 이야기했습니다. 이상으로 수업을 모두 마칩니다. 여러분 가정에 부富가 깃들기를…….

수업정리

❶ 신용 카드란 상품이나 서비스의 대금 지급을 은행이 보증하여 일정 기간 뒤에 지급할 수 있도록 하는, 신용 판매 제도에 이용되는 카드입니다.

❷ 할부 신용 구매 대금은 월별로 청구됩니다.
월 청구액=(월 납입액)+(할부 수수료)
월 납입액=(할부 신용 구매 대금)÷(할부 기간)
할부 수수료=(대금 잔액)×(할부 수수료율)×$\frac{1}{12}$

❸ 연체율은 각 카드 회사의 약관에 따르며 기산일은 결제하기로 한 날의 다음 날부터 실제로 결제한 날까지의 일수입니다.

❹ 신용 카드를 살펴보면 앞면에는 카드 이름, 개인 카드 번호, 이름과 유효 기간 등이 적혀 있습니다. 뒷면에는 개인의 서명란과 카드 사용 시 유의해야 할 사항, 카드를 발급한 회사명이 적혀 있습니다.

NEW 수학자가 들려주는 수학 이야기 41
앨프리드 마셜이 들려주는 이자 이야기

ⓒ 김승태, 2009

2판 1쇄 인쇄일 | 2025년 7월 11일
2판 1쇄 발행일 | 2025년 7월 25일

지은이 | 김승태
펴낸이 | 정은영
펴낸곳 | (주)자음과모음

출판등록 | 2001년 11월 28일 제2001-000259호
주소 | 10881 경기도 파주시 회동길 325-20
전화 | 편집부 (02)324-2347, 경영지원부 (02)325-6047
팩스 | 편집부 (02)324-2348, 경영지원부 (02)2648-1311
e-mail | jamoteen@jamobook.com

ISBN 978-89-544-5286-1 44410
      978-89-544-5196-3 (세트)

• 잘못된 책은 교환해 드립니다.